脳がスッキリ！動き出す！

ど忘れ思い出しクイズ1000

頭を若々しく保つ大人のクイズ研究会［編］

PHP

はじめに

質問です。

「あなたの家の電話番号は？」

すぐに答えられずにドキッとしたあなた。近ごろ、会話のなかに「あれ」「あの○○」といったワードがふえて、モヤモヤ、イライラしていませんか。

「ほら、あの映画に出てた、背が高くて、ちょっと彫りの深い顔立ちのあの俳優さん……え〜と、あ〜、名前が出てこない！」

「表面にココアかチョコのパウダーがかかってて、30年くらい前にすごくはやったデザートあったじゃない、あれよ、ほら、あれ、あれ」

答えが喉元まで出かかっているのに、パッと思い出せない……それは、あなたの「記憶の引き出し」がガタついてすべりが悪くなり、開けにくくなっている証拠です。

そんな「記憶の引き出し」のすべりをちょっとよくするために、役立てていただきたいのがこの本です。

本書では、昭和および平成の出来事・世相や、はやったモノから、その昔、学校で習った国語・算数・理科・社会（＋英語と音楽）の問題、生活に役立つ一般常識や雑学まで、だれもが知っているはずなのに、ど忘れしがちな問題を幅広く取り上げています。

最初から順番に解いても、自分の得意ジャンルから取り組んでもかまいません。また、一人でコツコツ解いていくもよし、家族や友達と交互に問題を出し合うもよし。

楽しみながら1000の問題を解きすすめるうちに、あなたの「記憶の引き出し」がどんどん開いていくはずです。いつのまにか気持ちも若返って、背筋が伸びている……なんてうれしい効果も期待できるかも!?

頭を若々しく保つ大人のクイズ研究会

脳がスッキリ！　動き出す！　ど忘れ思い出しクイズ1000 ――もくじ

ど忘れ思い出しクイズ！
ビジュアル編

ど忘れ思い出しクイズ！
一般常識・雑学のあれこれ

*本書は、とくに断わりのないかぎり、2020年10月現在の情報に準拠しています。

*本書では、国名、会社名、建造物の名称、製品名などの表記に、正式名称ではなく通称を使っているものがあります。また、答えの欄では、書籍、映画、楽曲、商品の名称を表記するにあたり、『 』または「 」を外しています。

*本書に登場する会社名および商品名は、それぞれ該当する各社の商標または登録商標です。なお、本書では®および™マークは省略しました。

*本書の問題に取り上げた方々の敬称は略させていただきました。

覚えていますか?

懐かしい昭和のあれこれ

Q1
1950年代後半、家電製品の白黒テレビ、冷蔵庫、洗濯機を総称して何と呼んだ？

Q2
昭和32（1957）年に東オングル島に建設された、日本初の南極観測基地の名称は？

Q3
昭和33（1958）年に完成した東京タワーの正式名称は？

Q4
昭和36（1961）年に放送が開始されたNHK連続テレビ小説の第1作のタイトルは？

Q5
昭和39（1964）年の東京オリンピックの体操女子の金メダリストで「五輪の名花」と称された選手は？

Q6

昭和33（1958）年に発行された一万円札に描かれていたのはだれ？

Q7

昭和34（1959）年9月に日本を襲い、死者・行方不明者5098人という甚大《じんだい》な被害をもたらした台風は？

Q8

昭和39（1964）年の東京オリンピックで日本人金メダリスト第1号となった重量挙げの選手は？

Q9

昭和32（1957）年に太平洋のクリスマス島で水爆実験を行なった国は、〇〇〇〇。

Q10

昭和35（1960）年、17歳の右翼少年により刺殺された社会党の委員長は？

答えは60ページ

Q11

昭和36（1961）年、日活撮影所内でゴーカートを運転中に事故を起こして亡くなった「和製ジェームス・ディーン」といえば、〇〇圭一郎。

Q12

1960年代に増加した「じいちゃん、ばあちゃん、かあちゃん」によって営まれる農業を何という？

Q13

昭和37（1962）年、堀江謙一が単独無寄港の太平洋横断に成功したときの小型ヨットの名称は？

Q14

昭和38（1963）年に完成した日本最大級の水力発電所である黒部ダム・黒部川第四発電所の通称は？

Q15

昭和34（1959）年のミス・ユニバース世界大会でアジア人女性として初めて優勝したのは？

Q16

昭和38（1963）年11月に起こったケネディ大統領暗殺事件の容疑者として逮捕後、射殺されたのは、リー・ハーヴェイ・〇〇〇〇〇。

Q17

昭和35（1960）年に10年間で国民所得を倍増させる「所得倍増計画」を唱えた首相は？

Q18

昭和39（1964）年4月に日本で特別公開され、大きな話題となったルーブル美術館の所蔵品は、ミロの〇〇〇〇。

Q19

昭和32（1957）年から昭和33（1958）年にかけて起こった不況を何という？

Q20

昭和39（1964）年の東京オリンピックで金メダルを獲得した女子バレーボールナショナルチームを率いた監督はだれ？

答えは60ページ

Q21
昭和30（1955）年に発表された島倉千代子のデビュー曲といえば、「○○○の花」。

Q22
昭和33（1958）年に開催された第1回「日劇ウェスタンカーニバル」をきっかけにブームとなった音楽は？

Q23
昭和34（1959）年、記念すべき第1回日本レコード大賞の大賞受賞曲「黒い花びら」を歌った歌手は？

Q24
昭和36（1961）年公開の映画「ティファニーで朝食を」の主題歌「ムーン・リバー」を作曲したのは？

Q25
昭和33（1958）年、アメリカに続いて日本でも大流行したが、健康被害の報告により40日あまりでブームが終わった玩具といえば？

Q26
昭和37（1962）年、「いつでも夢を」を橋幸夫とデュエットしたのは？

Q27
昭和31（1956）年、石原裕次郎のデビュー作となった日活映画は？

Q28
昭和38（1963）年にリリースされた、三波春夫が歌う東京オリンピックのテーマソングは？

Q29
昭和33（1958）年の流行語「私は貝になりたい」のもととなったテレビドラマで主演した俳優は？

Q30
昭和35（1960）年に日本で公開され、アラン・ドロンの名が広く知られるきっかけとなった映画は？

答えは60ページ

昭和30年代〈はやったモノ〉

Q31
昭和39（1964）年、第6回日本レコード大賞で新人賞を受賞した都はるみの曲といえば、「〇〇〇〇は恋の花」。

Q32
昭和31（1956）年から日本で放送された、少年と愛犬が活躍する子供向け西部劇といえば、「名犬〇〇〇〇〇〇」。

Q33
昭和32（1957）年にヒットした「砂に書いたラブ・レター」を歌ったのは、パット・〇〇〇。

Q34
昭和34（1959）年からラジオとテレビで放送された、黄色いマフラーがトレードマークの少年探偵を主人公とするドラマは？

Q35
昭和36（1961）年から放送されたザ・ピーナッツをメインにした音楽バラエティショーといえば、牛乳石鹸《せっけん》提供の「〇〇〇〇〇ホリデー」。

Q36
昭和32（1957）年に発売された国産初のフィルター付きたばこといえば？

Q37
昭和37（1962）年から昭和43（1968）年まで放送された「てなもんや三度笠」で、藤田まことが演じた渡世人の名前は〇〇〇〇の時次郎。

Q38
昭和31（1956）年の流行語となった「もはや戦後ではない」というフレーズは、どこで使われたもの？

Q39
昭和35（1960）年に発売され、腕などに抱きつくようにぶら下げることができ、若い女性を中心にブームとなった人形は？

Q40
昭和38（1963）年から20年以上にわたり放送された、解答者がゴンドラに乗って早押しクイズに挑戦する視聴者参加型クイズ番組は？

答えは60ページ

Q41
昭和39（1964）年からNHKで放送された人形劇「ひょっこりひょうたん島」でドン・ガバチョの声を担当したのは？

Q42
昭和30（1955）年に公開されたジュディ・ガーランド主演のミュージカル映画は？

Q43
昭和33（1958）年公開のフランス映画で、マイルス・デイヴィスのトランペットが効果的に使われた、ルイ・マル監督のデビュー作といえば？

Q44
昭和37（1962）年に制作された、ハナ肇とクレージーキャッツのメンバーが出演した映画第1作は、「○○○○無責任時代」。

Q45
昭和35（1960）年、女性の結婚の条件として流行語となったのは、「家付き、カー付き、○○抜き」。

Q46

昭和36（1961）年の流行語「わかっちゃいるけど、やめられない」の元歌は？

Q47

昭和39（1964）年公開の映画「愛と死をみつめて」で、主人公ミコを演じたのは吉永小百合。では、マコを演じたのは？

Q48

昭和36（1961）年に、壽屋《ことぶき》（現・サントリーホールディングス）が実施したキャンペーンのキャッチコピーは、「○○○を飲んでHawaiiへ行こう！」。

Q49

昭和35（1960）年に発売され、「満塁ホームラン」「ホームラン」「ヒット一塁打」などの当たりくじ付きで人気を博したアイスバーといえば？

Q50

昭和38（1963）年、読売ジャイアンツの王貞治選手（当時）を起用した「リポビタンD」のコマーシャルのキャッチコピーは「○○○○で行こう！」。

答えは60～61ページ

Q1
昭和40（1965）年11月から57カ月続いた昭和最長の好景気を何という？

Q2
昭和43（1968）年に起こった3億円事件で奪われた現金は、本来どこに届けられるものだった？

Q3
昭和47（1972）年の札幌オリンピックのジャンプ競技で金・銀・銅を獲得した笠谷幸生、金野昭次、青地清二の三人を総称して何と呼んだ？

Q4
昭和41（1966）年に初来日したビートルズがコンサートを行なった場所は？

Q5
昭和42（1967）年に来日した、「ミニスカートの女王」と呼ばれたイギリスのモデルは？

Q6
「恋の終列車」「デイドリーム・ビリーバー」などのヒット曲で知られ、昭和43（1968）年に来日したアメリカのポップロックグループは？

Q7
昭和40年代に大流行した、エレキバンドの生演奏やＤＪ選曲のレコードにあわせて若者たちが熱狂的に踊った店といえば？

Q8
昭和44（1969）年、東京大学で学生の籠城をきっかけに起こった機動隊との衝突事件といえば、東大○○講堂事件。

Q9
昭和41（1966）年に自民党を中心として起こった政界での不正疑惑の数々を総称して何という？

Q10
昭和44（1969）年、沖縄返還に合意した日米首脳会談に臨み、のちにノーベル平和賞を受賞した日本の首相は？

答えは61ページ

昭和40年代〈出来事・世相〉

Q11

昭和42（1967）年にボリビアで銃殺されたキューバ革命の指導者とは？

Q12

昭和44（1969）年に人類初の月面着陸に成功したアポロ11号の船長は、ニール・A・○○○○○○○。

Q13

昭和45（1970）年に起こった日本初のハイジャック事件の舞台となったJAL351便の愛称は？

Q14

昭和43（1968）年、日本初の心臓移植を行ない成功したが、患者死亡で刑事告発された札幌医科大学の医師は？

Q15

昭和49（1974）年に史上最年少（21歳2カ月）で第55代横綱に昇進した力士は？

Q16

昭和40(1965)年に「量子電気力学」に関する基礎研究でノーベル物理学賞を受賞したのは?

Q17

昭和45(1970)年に開催された大阪万博の正式名称は?

Q18

昭和47(1972)年に極彩色の壁画が発見された奈良県・明日香村の古墳の名称は?

Q19

昭和40年代から始まったラジオの三大深夜放送といえば、「パック・イン・ミュージック」「オールナイトニッポン」と、あと一つは?

Q20

昭和46(1971)年の金とドルの交換停止は、時のアメリカ大統領の名前にちなみ、○○○○ショックと呼ばれた。

答えは61ページ

Q21

昭和40（1965）年に日本航空が日本で初めて発売した海外パッケージツアーの名称は？

Q22

昭和46（1971）年のシャンプーのCM「さわやか律子さん」で知られる中山律子のライバルで、ともに空前のボウリングブームの立役者となったのは？

Q23

昭和42（1967）年、今井通子率いる東京女子医科大学山岳部欧州アルプス遠征隊が女性パーティとして初めて登攀《とうはん》に成功したヨーロッパアルプスの山は？

Q24

昭和46（1971）年にデビューした小柳ルミ子・南沙織・天地真理を総称して何と呼んだ？

Q25

昭和47（1972）年、連合赤軍が人質をとって立てこもった「あさま山荘事件」の舞台となった別荘地は？

Q26

昭和41（1966）年、千葉大学医学部附属病院の医師が食べ物や飲料に菌を混入させ、200人以上に発病させる「千葉大腸○○○菌事件」が起きた。

Q27

昭和47（1972）年に日中国交正常化記念として中国から贈呈され、上野動物園で飼育されたパンダ2頭の名前は？

Q28

昭和48（1973）年の第1次オイルショックが引き金となった日本での異常な物価高騰を何という？

Q29

昭和49（1974）年に帰還した元日本兵、小野田寛郎氏が潜伏していたフィリピンの島は？

Q30

昭和42（1967）年12月に宣言された非核三原則とは、「核兵器を持たず、作らず、○○○○○○」。

答えは61ページ

昭和40年代〈はやったモノ〉

Q31

日本にエレキブームを起こし、渚ゆう子「京都の恋」(昭和45年)、欧陽菲菲《オウヤンフィフィ》「雨の御堂筋」(昭和46年)などのヒット曲を作曲したグループといえば？

Q32

映画「卒業」の挿入歌としても知られ、昭和40(1965)年に発表されたサイモン&ガーファンクルの曲は？

Q33

昭和41(1966)年に新人としては異例の80万枚を売り上げるヒットを記録した青江三奈のデビュー曲は？

Q34

昭和49(1974)年に公開された、バーブラ・ストライサンド、ロバート・レッドフォード主演のほろ苦い恋愛映画といえば？

Q35

昭和41(1966)年に「お嫁においで」がヒットした加山雄三の作曲家としての名前は？

Q36

昭和44（1969）年、イタリアの童謡をカバーした「黒ネコのタンゴ」を6歳で歌って話題になったのは？

Q37

昭和48（1973）年の流行語「せまい日本　そんなに急いで　どこへ行く」は、何の標語として選ばれたもの？

Q38

昭和46（1971）年に大ヒットし、いちやくミリオンセラー歌手となった五木ひろしの再デビュー曲は？

Q39

昭和47（1972）年に出版され、認知症を扱った文学作品として話題となった『恍惚《こうこつ》の人』の作者は？

Q40

昭和46（1971）年に大ヒットし、「古い奴だとお思いでしょうが」というセリフが流行語にもなった鶴田浩二の曲は？

答えは61ページ

Q41

昭和47（1972）年にリリースされ、ドラマチック歌謡の代表曲ともいわれる、ちあきなおみの曲は？

Q42

昭和45（1970）年に流行した富士ゼロックスの企業広告といえば、「モーレツから○○○○○○へ」。

Q43

昭和48（1973）年にリリースされた、アメリカの兄妹ポップデュオ、カーペンターズのヒット曲は、「○○○○○○・ワンス・モア」。

Q44

昭和40（1965）年にフジテレビ系列で放送が始まった、手塚治虫のマンガを原作とする日本最初のカラーテレビアニメは？

Q45

昭和47（1972）年、28年ぶりに帰還した元日本兵、横井庄一氏の言葉として流行語になったのは、「○○○○○○帰って参りました」。

Q46

昭和41（1966）年4月から放送され、国民的人気ドラマとなったNHK連続テレビ小説「おはなはん」で主役を演じたのは？

Q47

昭和48（1973）年から「週刊マーガレット」で連載が始まり、テニスブームを起こしたスポ根マンガ「エースをねらえ！」に出てくるお蝶夫人の本名は？

Q48

昭和45（1970）年に第12回レコード大賞を受賞した「今日でお別れ」を歌った菅原洋一のニックネームは、「〇〇〇のハンバーグ」。

Q49

昭和41（1966）年から放送されたアニメ「魔法使いサリー」で、主人公サリーの友達よっちゃんの弟3人は、トン吉、チン平と、あと一人は？

Q50

昭和42（1967）年に「ブルー・シャトウ」で第9回レコード大賞を受賞したのは、ジャッキー吉川とブルー・〇〇〇〇。

答えは61～62ページ

昭和40年代〈はやったモノ〉

Q51

昭和45(1970)年から放送されたアニメ「いなかっぺ大将」の主人公、大ちゃんのフルネームは?

Q52

昭和47(1972)年から「週刊マーガレット」で連載され人気を博した「ベルサイユのばら」に登場する男装の麗人は、〇〇〇〇・フランソワ・ド・ジャルジェ。

Q53

昭和43(1968)年に公開された、スタンリー・キューブリック監督の名作SF映画といえば、「〇〇〇〇年宇宙の旅」。

Q54

昭和46(1971)年公開の「小さな恋のメロディ」のヒットで、日本でもいちやく人気俳優となったのは?

Q55

昭和44(1969)年から放送されたアニメ「ひみつのアッコちゃん」で、アッコちゃんが変身するときの呪文は?

Q56

昭和48（1973）年公開の「男はつらいよ」シリーズ第11作「寅次郎忘れな草」で、マドンナの旅まわりの歌手リリーを演じたのは？

Q57

昭和43（1968）年にデビュー曲「恋の季節」が大ヒットしたポップスグループ、ピンキーとキラーズのピンキーって、だれのこと？

Q58

昭和49（1974）年に公開された松本清張原作の傑作映画「砂の器」で加藤剛が演じた音楽家の名前は？

Q59

雑誌連載時から大反響を呼び、昭和40（1965）年に単行本化された山崎豊子の長編小説『白い巨塔』の主人公の名前は？

Q60

昭和44（1969）年に刊行され、流行語にもなったピーター・F・ドラッカーの名著は、『〇〇の時代』。

答えは62ページ

昭和40年代〈はやったモノ〉

Q61

昭和47（1972）年から連載された、人類滅亡後の荒廃した未来に送られた小学生たちの生存競争を描くホラー漫画「漂流教室」の作者は？

Q62

昭和49（1974）年に五木寛之の翻訳で出版され、ベストセラーとなったリチャード・バックの作品は、『かもめの○○○○○』。

Q63

昭和46（1971）年の日本プロ野球オールスターゲーム第1戦で9連続奪三振を達成した阪神タイガースのピッチャーといえば？

Q64

昭和48（1973）年、「リンリンリリン」で始まるフィンガー5のヒット曲は、「恋のダイヤル○○○○」。

Q65

昭和42（1967）年に登場し、ブームとなった着せ替え人形「リカちゃん」のフルネームは？

Q 66

1970年代に、人気グループ、フィンガー5のメンバーがかけていたことから流行した大きな丸型めがねを何という？

Q 67

昭和46（1971）年に日本で発売された、紐《ひも》の先についている2個のボールをぶつけて音を鳴らす玩具で、「カチカチボール」とも呼ばれたのは？

Q 68

昭和49（1974）年に発売されるや爆発的人気となった人形「モンチッチ」の「モン」の由来は、モンキーと、もう一つは何？

Q 69

昭和48（1973）年、笑福亭仁鶴が「子連れ狼」の主人公に扮して話題になった、「ボンカレー」のCMでのせりふは、「じっと○○○○であった」。

Q 70

昭和45（1970）〜51（1976）年にかけて、国鉄（当時）が打ち出した大型観光キャンペーン「ディスカバー・ジャパン」の副題は？

答えは62ページ

昭和50年代〈出来事・世相〉

Q1

昭和53(1978)年に新東京国際空港として開港した空港は、現在、何と呼ばれている？

Q2

昭和58(1983)年、NHK連続テレビ小説で最高視聴率62・9%を記録した作品といえば？

Q3

昭和51(1976)年、全日空の大型機導入をめぐって行なわれた世界的な大規模汚職「○○○○○事件」が明るみに出た。

Q4

昭和52(1977)年に創設された国民栄誉賞の第1号受賞者は？

Q5

昭和53(1978)年、読売ジャイアンツがドラフト前日に江川卓《すぐる》と入団契約を交わしたことを、「空白の○○」という。

Q6

昭和50（1975）年、在マレーシアのアメリカ大使館などを占拠した日本赤軍の要求に応じ、日本政府が過激派5人を釈放したことを、〇〇〇的措置という。

Q7

昭和54（1979）年、イギリスで初の女性首相となったのはだれ？

Q8

昭和55（1980）年、ソ連（当時）のアフガニスタン軍事侵攻に抗議して日本が不参加を決めたのは、何オリンピック？

Q9

昭和50（1975）年、女性として世界で初めてエベレストの登頂に成功したのはだれ？

Q10

昭和53（1978）年、渋谷に開店し、新名所といわれるようになったのが、都市型ホームセンターの東急〇〇〇。

答えは62ページ

Q11

昭和55（1980）年、石油資源をめぐる対立からイラン・イラク戦争が勃発《ぼっぱつ》したが、このときイラクを率いていたのが、サダム・〇〇〇〇。

Q12

昭和59（1984）年、コアラ6頭が贈られてコアラブームが到来したが、贈ってくれた国はどこ？

Q13

昭和51（1976）年、ソ連（当時）のベレンコ中尉が亡命のため函館空港に強行着陸したが、このとき乗っていた戦闘機の機種は、〇〇25。

Q14

昭和55（1980）年、トラック運転手が東京・銀座で拾った風呂敷包みに入っていたのは何？

Q15

昭和59（1984）年、日本競馬史上初の無敗で、4頭目の三冠馬となった馬といえば？

Q16
昭和56（1981）年、脳卒中を抜いて死因トップとなり、現在も3人に1人が亡くなっている病気は何？

Q17
昭和54（1979）年、イラン革命の混乱によって世界的な原油不足となり、原油価格の急騰など世界経済におよぼした衝撃を第2次○○○ショックという。

Q18
昭和56（1981）年、化学反応を統一的に説明する「フロンティア軌道理論」でノーベル化学賞を受賞した日本人は？

Q19
昭和52（1977）年、「過激派による最後のハイジャック」といわれる、ダッカ日航機ハイジャック事件を引き起こしたのは、日本○軍。

Q20
昭和50（1975）年、沖縄返還を祝し、本土復帰記念事業として沖縄県で開催された国際博覧会の名称は？

答えは62ページ

Q21
昭和58（1983）年、千葉・舞浜に開業した、世界で三番目の規模を誇るテーマパークといえば、東京○○○○○ランド。

Q22
昭和56（1981）年、山階《やましな》鳥類研究所が沖縄で発見した新種の鳥を何という？

Q23
昭和59（1984）年に、ユーゴスラビア社会主義連邦共和国（現・ボスニア・ヘルツェゴビナ）で社会主義国初の開催となった冬季オリンピックは？

Q24
昭和54（1979）年、パフレヴィー朝を倒してイスラム共和制が樹立された国はどこ？

Q25
昭和56（1981）年、アメリカ大統領に就任したレーガンが掲げた新自由主義的な政策を何という？

Q26
昭和58（1983）年、ハワイアン・オープンで日本人として初となるアメリカPGAツアー優勝を果たしたプロゴルファーといえば？

Q27
昭和54（1979）年、EC（ヨーロッパ共同体）の文書で、「日本人は○○○小屋として変わらない住宅に住む仕事中毒」と表現された。

Q28
昭和59（1984）年、一万円札は福澤諭吉、千円札は夏目漱石の新札が発行された。では、五千円札はだれの肖像？

Q29
昭和57（1982）年に大宮駅～盛岡駅が開業し、現在では東京駅～新青森駅というもっとも長い距離を結ぶ新幹線は何？

Q30
昭和51（1976）年のモントリオールオリンピックで、体操選手としてオリンピック初の10点満点を獲得し、「白い妖精」と呼ばれた選手は？

答えは62～63ページ

Q31

昭和59（1984）年、柔道の山下泰裕選手が出場し、肉離れを起こしながらも見事、金メダルを獲得したオリンピック大会は？

Q32

昭和52（1977）年に打ち上げられた日本初の静止気象衛星といえば？

Q33

昭和55（1980）年に登場するや社会現象になった立体パズルといえば、〇〇〇〇〇キューブ。

Q34

昭和57（1982）年、火災によって死者33人という大惨事を招いた東京・永田町のホテルといえば？

Q35

昭和50（1975）年、日本、アメリカ、イギリス、フランス、西ドイツ（当時）、イタリア6カ国による初の先進国首脳会議（サミット）に出席した日本の首相は？

Q36

昭和53（1978）年、60〜70年代にかけて一世を風靡《ふうび》したアパレル企業が倒産し、雑誌「ポパイ」が「〇〇〇が先生だった」といったブランドは？

Q37

昭和51（1976）年、北極圏の単独犬ぞり行に成功した冒険家といえば？

Q38

昭和57（1982）年、イギリスとアルゼンチンがそれぞれに領有を主張して軍事衝突を起こしたのは、南大西洋上の何諸島？

Q39

昭和58（1983）年、中国の四神の一つ、玄武の彩色壁画が発見されたのは、奈良県・明日香村の何古墳？

Q40

昭和50（1975）年、首都サイゴン（当時）が陥落し終結した戦争といえば？

答えは63ページ

Q41

昭和57（1982）年、日本航空の旅客機が羽田沖に突っ込み、多数の死傷者を出した事件で話題になったのが、〇〇〇と心身症。

Q42

昭和59（1984）年、「かい人21面相」と名乗る犯人が食品会社を脅迫した事件を、通称「〇〇〇・〇〇」事件という。

Q43

昭和50（1975）年に初の日本一となり、翌年、翌々年と3年連続で日本一になったプロ野球パ・リーグの球団といえば、いまはなき阪急〇〇〇〇〇。

Q44

昭和58（1983）年、東京国際女子マラソンで初の日本人覇者となった陸上選手は？

Q45

昭和52（1977）年に、アメリカのハンク・アーロンの記録を抜いて王貞治が達成した本塁打世界記録の本数は？

Q46

昭和53（1978）年、東京・池袋に完成した日本一（当時）の高層ビルの名前は？

Q47

昭和58（1983）年、ソウルに向かっていた民間航空機がソ連（当時）領空を侵犯したため撃墜され、乗員乗客269人が死亡したが、これはどこの国の航空機？

Q48

昭和54（1979）年に、史上3校目、公立高校としては唯一、甲子園で春夏連覇を果たした和歌山県の高校は？

Q49

昭和59（1984）年、東京・麻布十番にオープンし、社会的現象と呼ばれるほどの人気を博したディスコといえば？

Q50

日本人として初めて本格的にLPGAツアーに参戦し、昭和57（1982）年に初優勝したプロゴルファーは？

答えは63ページ

昭和50年代〈はやったモノ〉

Q51

昭和50（1975）年に布施明が歌った「シクラメンのかほり」で、「清《すが》しい」と表現されたシクラメンの花は何色？

Q52

昭和56（1981）年3月の刊行後、800万部を超える日本の戦後最大のベストセラーとなった『窓ぎわのトットちゃん』のトットちゃんって、だれのこと？

Q53

昭和51（1976）年、荒井（松任谷）由実・作「中央フリーウェイ」の歌詞で、左に見えたのは何工場？

Q54

昭和52（1977）年、アメリカのロックバンド、イーグルスが架空のホテルを舞台に歌った大ヒット曲といえば、「ホテル・○○○○○○○」。

Q55

昭和55（1980）年、鳥山明の人気漫画「Dr.スランプ」で、アラレちゃんをつくった発明家の名前は？

Q56

昭和53（1978）年、歌詞に「真紅《まっか》なポルシェ」が登場する山口百恵の大ヒット曲といえば、「プレイバック○○○○○」。

Q57

昭和52（1977）年の第1回日本アカデミー賞をはじめ、この年の国内の映画賞を総なめにした名作「幸福の黄色いハンカチ」の監督は？

Q58

昭和50（1975）年前後から女子大生など若い女性を中心に流行したファッション「ニュートラ」は何の略？

Q59

昭和54（1979）年にヒットした「ガンダーラ」「モンキー・マジック」などの曲で知られるゴダイゴのボーカルは？

Q60

昭和56（1981）年、バラエティ番組「欽ドン！良い子悪い子普通の子」から誕生し、「ハイスクールララバイ」をヒットさせた3人組は？

答えは63ページ

Q61

昭和52（1977）年、「話の中味がない」ことを揶揄《やゆ》して、中高生などを中心に広く使われた言葉といえば、「話が〇〇〇〇」。

Q62

昭和57（1982）年、化粧品のキャンペーン曲「い・け・な・いルージュマジック」で忌野清志郎《いまわのきよしろう》とコラボレーションした〝教授〟といえば？

Q63

昭和58（1983）年、藤井フミヤをリードボーカルとして人気を博したチェッカーズのデビュー曲は、「〇〇〇〇〇〇の子守唄」。

Q64

昭和58（1983）年ごろ、誕生日と名前入りの出生証明書付きで販売され、同じ顔や髪型のものがないことから爆発的人気となったアメリカ生まれの人形は？

Q65

昭和55（1980）年、「ダンシング・オールナイト」を歌って大ヒットした、ハスキーボイスのボーカルが印象的なグループは？

Q66

昭和59（1984）年に大ヒットしたが、NHKが放送禁止とした小林麻美の曲は、「雨音は○○○○の調べ」。

Q67

昭和50（1975）年、前年に刊行された日本語版がベストセラーとなった『収容所群島』の作者は、アレクサンドル・○○○○○○○○。

Q68

昭和53（1978）年、郷ひろみと樹木希林がデュエットした、TBS系列のテレビドラマ「ムー一族」の挿入歌といえば、「○○殺人事件」。

Q69

昭和51（1976）年に第75回芥川賞を受賞した村上龍のデビュー作といえば、『限りなく○○に近いブルー』。

Q70

昭和53（1978）年、数々のヒット曲で知られるキャンディーズが伝説の解散コンサートを行なった場所は？

答えは63ページ

Q71
昭和52（1977）年の第77回芥川賞を受賞しベストセラーとなったが官能的な内容が物議を醸した、『エーゲ海に捧ぐ』を書いた芸術家は？

Q72
昭和57（1982）年、数々の不祥事により、岡田茂・三越（当時）社長が取締役会で解任された際に口にしたとされる言葉は？

Q73
昭和53（1978）年に刊行された経済学者ジョン・K・ガルブレイスの著書で、流行語にもなったのは『〇〇〇〇の時代』。

Q74
昭和58（1983）年、ペンギンの恋物語を描いたビールのCMで流れて話題となった松田聖子のヒット曲は？

Q75
昭和50（1975）年、「S-A-T-U-R-D-A-Y night!」という歌い出しで日本でもヒットした「サタデー・ナイト」を歌った、スコットランドのロックバンドは？

Q76

昭和59（1984）年、三菱自動車「ミラージュ」のテレビCMで大ブレークした爬虫類《はちゅうるい》といえば？

Q77

昭和54（1979）年、東陽一監督により映画化（桃井かおり、奥田瑛二らが出演）された見延典子の原作小説といえば、『もう○○○はつかない』。

Q78

昭和59（1984）年、300勝投手の鈴木啓示が公共広告機構（現・ACジャパン）のCMで一世を風靡《ふうび》したフレーズといえば？

Q79

昭和55（1980）年、山口百恵の引退直前に刊行されベストセラーとなった自叙伝のタイトルは？

Q80

1970年代後半にブレイクしたピンク・レディーの歴代売り上げ第2位は「サウスポー」、第3位は「ウォンテッド」、では第1位は？

答えは64ページ

昭和50年代〈はやったモノ〉

Q81

日本のポストモダン小説の嚆矢《こうし》とされ、昭和56（1981）年の芥川賞候補にもなった田中康夫の小説といえば？

Q82

1980年代にラフォーレ原宿や新宿丸井を発信地として流行した、ファッションデザイナーによるキャラクターブランドの総称は？

Q83

昭和57（1982）年に刊行後、文庫本を含めて430万部という超ベストセラー『気くばりのすすめ』を書いたNHKアナウンサー（当時）は？

Q84

昭和58（1983）年にTBS系列で放送された大ヒットドラマ「ふぞろいの林檎《りんご》たち」の主題歌となったサザンオールスターズの名曲といえば？

Q85

昭和50（1975）年から「週刊少女フレンド」で連載された、大正時代を舞台とする大和和紀《やまとわき》のラブコメ漫画は？

Q86

昭和58（1983）年、おもにカプセルトイとしてつくられ大流行した「キン肉マン消しゴム」の通称は？

Q87

昭和51（1976）年に第18回レコード大賞で大賞を受賞した、都はるみ「北の宿から」の作曲は小林亜星。では、作詞は？

Q88

昭和55（1980）年から連載された、おんぼろアパートの住人・五代裕作と管理人・音無響子をめぐるラブコメ漫画「めぞん一刻」の作者は？

Q89

昭和56（1981）年の第23回日本レコード大賞で、各賞を総なめにした寺尾聰《あきら》の大ヒット曲といえば？

Q90

昭和50（1975）年に日本で公開された、ポール・ニューマン、スティーブ・マックイーン主演の超高層ビル火災を描いたパニック映画といえば？

答えは64ページ

Q 91

昭和55（1980）年、田原俊彦のデビューシングルで、彼自身の売り上げナンバーワン曲となったのは？

Q 92

昭和51（1976）年、アメリカン・ニューシネマの代表とされ、アカデミー賞を受賞したジャック・ニコルソン主演の映画は？

Q 93

昭和50（1975）年に年間売り上げ1位となった、井上陽水のアルバムのタイトルは？

Q 94

昭和58（1983）年、深沢七郎の同名小説をもとに今村昌平が監督し、カンヌ国際映画祭でパルム・ドールを受賞した、緒形拳、坂本スミ子主演の映画は？

Q 95

昭和52（1977）年、山田太一の脚本で、多摩川水害をモチーフに中流家庭の崩壊と再生を描いた名作テレビドラマといえば？

Q96
昭和58（1983）年、最終回の視聴率が関東地区で45・3％を記録したテレビドラマ「積木くずし」の原作者は？

Q97
1980年代前半、東京・原宿の歩行者天国で、ラジカセから流れるディスコサウンドにあわせて踊っていた若者たちを何という？

Q98
昭和58（1983）年、「見栄テニス」「見栄スキー」など、ミーハーのための戦略をまとめた『見栄講座』を出版したのは、○○○○○・プロダクションズ。

Q99
昭和57（1982）年に誕生したサンリオのキャラクターで、カミナリの国で生まれたやんちゃな3つ子の兄弟といえば？

Q100
昭和59（1984）年、第1回新語・流行語大賞で流行語部門の金賞に選ばれた「まるきん まるび」の生みの親は？

答えは64ページ

Q1
昭和62（1987）年、生き物がもつ免疫の仕組みを解明し、日本人で初めてノーベル医学・生理学賞を受賞したのは？

Q2
昭和61（1986）年、スペースシャトルが打ち上げ直後に空中分解し、乗組員全員が死亡する事故が起きたが、このときのスペースシャトルを何という？

Q3
昭和60（1985）年、女性労働者の雇用機会と待遇の均等を図るために成立した法律といえば？

Q4
昭和63（1988）年、カルガリーオリンピックが開催されたのはどこの国？

Q5
昭和60（1985）年に開通した、東京と新潟県を結ぶ高速道路を何という？

Q6

昭和61（1986）年、ソ連（当時）のウクライナで起こった原発事故を何という？

Q7

昭和62（1987）年、安田火災海上保険（当時）が約53億円で落札したのは、ゴッホの何という作品？

Q8

昭和60（1985）年、ドル高を是正するために、ニューヨークのホテルでG5（先進5カ国）蔵相・中央銀行総裁会議が協調介入を取り決めた合意を何という？

Q9

昭和61（1986）年、約76年周期で現われる彗星《すいせい》が地球に最接近したが、この彗星を何という？

Q10

昭和62（1987）年、ニューヨーク株式市場で起こった過去最大規模の株価大暴落を何という？

答えは64ページ

Q11

昭和60（1985）年、2リーグ制になって初の日本一を達成したプロ野球球団といえば？

Q12

昭和62（1987）年、分割民営化によってJRが発足したが、もともとは何と呼ばれていた？

Q13

昭和63（1988）年に開通した、本州と北海道を結ぶ世界最長の海底トンネルを何という？

Q14

昭和61（1986）年、写真週刊誌「フライデー」を発行する講談社を襲撃し、逮捕されたお笑いタレントといえば？

Q15

昭和63（1988）年に開通した、本州と四国を結ぶ10の橋の総称を何という？

Q16

昭和62（1987）年に開通した、埼玉県川口市と青森市を結ぶ日本最長の高速道路を何という？

Q17

昭和60（1985）年、電電公社はNTT（日本電信電話）となったが、日本専売公社は何になった？

Q18

昭和63（1988）年、海上自衛隊の潜水艦と遊漁船が衝突し、遊漁船が沈没した海難事故を何という？

Q19

昭和61（1986）年、上野動物園で父フェイフェイ、母ホァンホァンとのあいだに生まれたジャイアントパンダの名前は？

Q20

昭和63（1988）年、後楽園球場の代替球場として後楽園競輪場の跡地に建設された日本初の屋根付き球場を何という？

答えは64〜65ページ

Q21
昭和60（1985）年、アフリカの飢餓と貧困を解消する目的で、マイケル・ジャクソンら著名アーティストたちがつくったチャリティソングといえば？

Q22
昭和62（1987）年、THE BLUE HEARTSがメジャーデビュー前にリリースしたシングルで、「ガンバレ！」のフレーズが印象的な曲は？

Q23
昭和61（1986）年から「別冊マーガレット」で連載され、2014年に能年玲《のうねんれ》奈《な》主演で映画化された紡木《つむぎ》たくの代表作といえば？

Q24
昭和63（1988）年に第30回日本レコード大賞の大賞・金賞を受賞した光GENJIの3枚目のシングルは、「○○○○○銀河」。

Q25
昭和60（1985）年、世界中で700万部を売り上げたリー・アイアコッカの自叙伝は、『アイアコッカ　わが○○の経営』。

Q26

昭和61（1986）年、新聞連載後に単行本化され、黒木瞳主演で映画化された渡辺淳一の恋愛官能小説といえば？

Q27

昭和63（1988）年、栄養剤のCMから生まれ、流行語大賞の大衆賞を受賞した「5時から男」を演じていたのはだれ？

Q28

昭和61（1986）年に出版された安部譲二の自伝的小説『塀の中の懲《こ》りない面々』の「塀の中」とは、どこのこと？

Q29

昭和61（1986）年の流行語となった「亭主元気で留守がいい」でヒットした、タンス用防虫剤の商品名は何という？

Q30

昭和62（1987）年に刊行され、上巻が赤、下巻が緑のクリスマスカラーの装丁が話題になった村上春樹の大ベストセラーといえば？

答えは65ページ

Q31

昭和63（1988）年の第11回日本アカデミー賞で主要部門をほぼ独占した、伊丹十三《じゅうぞう》監督の映画「マルサの女」のマルサとは？

Q32

昭和62（1987）年に「超訳」（アカデミー出版の登録商標）として出版され話題を呼んだ『ゲームの達人』の作者は？

Q33

昭和60（1985）年から平成3（1991）年まで連載されたハードボイルドコメディ「シティーハンター」の主人公は？

Q34

昭和62（1987）年の第20回日本有線大賞を受賞し、ミリオンセラーとなった「命くれない」を歌ったのは？

Q35

昭和61（1986）年に連載が始まり、小学生の日常生活をかわいい絵柄ながらシニカルに描いて人気となった、「いまどきのこども」の作者は？

Q36
昭和60(1985)年、竹山道雄の原作をもとに市川崑が監督した映画「ビルマの竪琴」で、中井貴一が演じた上等兵の名前は?

Q37
昭和62(1987)年、名経営者として知られるソニー創業者・盛田昭夫が、初めてみずからの半生と経営哲学を語った著書といえば?

Q38
昭和61(1986)年に日本で公開され、アフリカを舞台としたシドニー・ポラック監督の「愛と哀しみの果て」でメリル・ストリープの相手役を演じたのは?

Q39
昭和63(1988)年、井上靖の原作をもとに制作された、西田敏行、佐藤浩市らが出演した日中合作映画といえば?

Q40
昭和62(1987)年、寝椅子(カウチ)でくつろぎ、ポテトチップスをかじりながらテレビやビデオを見て過ごす人たちを何と呼んだ?

答えは65ページ

答え

●昭和30年代

Q1▼三種の神器
Q2▼昭和基地
Q3▼日本電波塔
Q4▼娘と私
Q5▼ベラ・チャスラフスカ
Q6▼聖徳太子
Q7▼伊勢湾台風
Q8▼三宅義信
Q9▼イギリス
Q10▼浅沼稲次郎
Q11▼赤木
Q12▼三ちゃん農業
Q13▼マーメイド号
Q14▼くろよん
Q15▼児島明子

Q16▼オズワルド
Q17▼池田勇人
Q18▼ビーナス
Q19▼なべ底不況
Q20▼大松博文
Q21▼この世
Q22▼ロカビリー
Q23▼水原弘
Q24▼ヘンリー・マンシーニ
Q25▼フラフープ
Q26▼吉永小百合
Q27▼太陽の季節
Q28▼東京五輪音頭
Q29▼フランキー堺
Q30▼太陽がいっぱい
Q31▼アンコ椿
Q32▼リンチンチン

Q33▼ブーン
Q34▼まぼろし探偵
Q35▼シャボン玉
Q36▼ホープ
Q37▼あんかけ
Q38▼経済白書
Q39▼ダッコちゃん
Q40▼アップダウンクイズ
Q41▼藤村有弘
Q42▼スタア誕生
Q43▼死刑台のエレベーター
Q44▼ニッポン
Q45▼ババ
Q46▼スーダラ節
Q47▼浜田光夫
Q48▼トリス
Q49▼ホームランバー

Q50▼ファイト

●昭和40年代

Q1▼いざなぎ景気
Q2▼東芝府中工場
Q3▼日の丸飛行隊
Q4▼日本武道館
Q5▼ツイッギー
Q6▼ザ・モンキーズ
Q7▼ゴーゴー喫茶
Q8▼安田
Q9▼黒い霧事件
Q10▼佐藤栄作
Q11▼チェ・ゲバラ
Q12▼アームストロング
Q13▼よど号
Q14▼和田寿郎

Q15▼北の湖敏満
Q16▼朝永振一郎
Q17▼日本万国博覧会
Q18▼高松塚古墳
Q19▼セイ！ヤング
Q20▼ニクソン
Q21▼ジャルパック
Q22▼須田開代子
Q23▼マッターホルン北壁
Q24▼新三人娘
Q25▼長野県・軽井沢
Q26▼チフス
Q27▼カンカン、ランラン
Q28▼狂乱物価
Q29▼ルバング島
Q30▼持ち込ませず
Q31▼ザ・ベンチャーズ

Q32▼サウンド・オブ・サイレンス
Q33▼恍惚のブルース
Q34▼追憶
Q35▼弾厚作
Q36▼皆川おさむ
Q37▼全国交通安全運動
Q38▼よこはま・たそがれ
Q39▼有吉佐和子
Q40▼傷だらけの人生
Q41▼喝采《かっさい》
Q42▼ビューティフル
Q43▼イエスタデイ
Q44▼ジャングル大帝
Q45▼恥ずかしながら
Q46▼樫山文枝
Q47▼竜崎麗香

答え

Q48▼3日前
Q49▼カン太
Q50▼コメッツ
Q51▼風大左衛門《かぜだいざえもん》
Q52▼オスカル
Q53▼2001
Q54▼マーク・レスター
Q55▼テクマクマヤコン テクマクマヤコン ○○になぁれ〜
Q56▼浅丘ルリ子
Q57▼今陽子
Q58▼和賀英良
Q59▼財前五郎
Q60▼断絶
Q61▼楳図《うめず》かずお
Q62▼ジョナサン

Q63▼江夏豊
Q64▼6700
Q65▼香山リカ
Q66▼トンボめがね
Q67▼アメリカンクラッカー
Q68▼フランス語で「私の」という意味
Q69▼我慢の子
Q70▼美しい日本と私

●昭和50年代

Q1▼成田国際空港
Q2▼おしん
Q3▼ロッキード
Q4▼王貞治
Q5▼一日
Q6▼超法規

Q7▼マーガレット・サッチャー
Q8▼モスクワオリンピック
Q9▼田部井淳子
Q10▼ハンズ
Q11▼フセイン
Q12▼オーストラリア
Q13▼ミグ
Q14▼現金1億円
Q15▼シンボリルドルフ
Q16▼がん
Q17▼オイル
Q18▼福井謙一
Q19▼赤
Q20▼沖縄国際海洋博覧会
Q21▼ディズニー
Q22▼ヤンバルクイナ

Q23▼サラエボオリンピック
Q24▼イラン
Q25▼レーガノミクス
Q26▼青木功
Q27▼ウサギ
Q28▼新渡戸《にとべ》稲造《いなぞう》
Q29▼東北新幹線
Q30▼ナディア・コマネチ
Q31▼ロサンゼルスオリンピック
Q32▼ひまわり
Q33▼ルービック
Q34▼ホテルニュージャパン
Q35▼三木武夫
Q36▼VAN
Q37▼植村直己
Q38▼フォークランド諸島

Q39▼キトラ古墳
Q40▼ベトナム戦争
Q41▼逆噴射
Q42▼グリコ・森永
Q43▼ブレーブス
Q44▼佐々木七恵
Q45▼756本
Q46▼サンシャイン60
Q47▼韓国（大韓民国）
Q48▼箕島《みのしま》高校
Q49▼マハラジャ
Q50▼岡本綾子
Q51▼真綿色
Q52▼黒柳徹子
Q53▼ビール工場
Q54▼カリフォルニア
Q55▼則巻《のりまき》千兵衛

Q56▼Part2
Q57▼山田洋次
Q58▼ニュートラディショナル
Q59▼タケカワユキヒデ
Q60▼イモ欽トリオ
Q61▼ピーマン
Q62▼坂本龍一
Q63▼ギザギザハート
Q64▼キャベツ人形
Q65▼もんた&ブラザーズ
Q66▼ショパン
Q67▼ソルジェニーツィン
Q68▼林檎《りんご》
Q69▼透明
Q70▼後楽園球場（後楽園スタヂアム）

答え

Q71▼池田満寿夫
Q72▼なぜだ！
Q73▼不確実性
Q74▼SWEET MEMORIES
Q75▼ベイ・シティ・ローラーズ
Q76▼エリマキトカゲ
Q77▼頬づえ
Q78▼投げたらアカン
Q79▼蒼い時
Q80▼UFO
Q81▼なんとなく、クリスタル
Q82▼DCブランド
Q83▼鈴木健二
Q84▼いとしのエリー

Q85▼はいからさんが通る
Q86▼キン消し
Q87▼阿久悠
Q88▼高橋留美子
Q89▼ルビーの指環
Q90▼タワーリング・インフェルノ
Q91▼哀愁でいと
Q92▼カッコーの巣の上で
Q93▼氷の世界
Q94▼楢山節考《ならやまぶしこう》
Q95▼岸辺のアルバム
Q96▼穂積隆信
Q97▼竹の子族
Q98▼ホイチョイ
Q99▼ゴロピカドン
Q100▼渡辺和博

●昭和60年代

Q1▼利根川進
Q2▼チャレンジャー号
Q3▼男女雇用機会均等法
Q4▼カナダ
Q5▼関越自動車道
Q6▼チェルノブイリ原発事故
Q7▼ひまわり
Q8▼プラザ合意
Q9▼ハレー彗星
Q10▼ブラックマンデー
Q11▼阪神タイガース
Q12▼日本国有鉄道（国鉄）
Q13▼青函トンネル
Q14▼ビートたけし（とたけし

軍団）

Q15▼瀬戸大橋

Q16▼東北自動車道

Q17▼JT（日本たばこ産業）

Q18▼なだしお事件

Q19▼トントン

Q20▼東京ドーム

Q21▼ウィ・アー・ザ・ワールド

Q22▼人にやさしく

Q23▼ホットロード

Q24▼パラダイス

Q25▼闘魂

Q26▼化身

Q27▼高田純次

Q28▼刑務所

Q29▼ゴン（当時、現・ゴンゴン）

Q30▼ノルウェイの森

Q31▼国税局査察部

Q32▼シドニィ・シェルダン

Q33▼冴羽《さえば》 獠《りょう》

Q34▼瀬川瑛子

Q35▼玖保キリコ

Q36▼水島

Q37▼MADE IN JAPAN

Q38▼ロバート・レッドフォード

Q39▼敦煌《とんこう》

Q40▼カウチポテト族

Anata e no mijika na mondai.

この本を読んでいる今日は何年何月何日ですか?

Kotae wa anata no atama no naka ni arimasu.

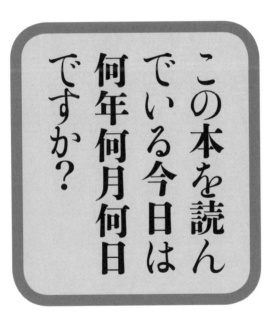

覚えていますか？

ちょっと懐かしい平成のあれこれ

平成元年〜9年〈出来事・世相〉

Q1

平成9（1997）年、トヨタ自動車が売り出した世界初の量産型ハイブリッドカーといえば何？

Q2

平成6（1994）年5月、F1サンマリノGPの決勝レースでコンクリートウォールに激突し、命を落とした伝説のドライバーといえば、アイルトン・○○。

Q3

平成3（1991）年、ソ連（当時）が崩壊し消滅したときの大統領はだれ？

Q4

平成元（1989）年12月に東京証券取引所で3万8915円の史上最高値を記録したのは、○○○○株価。

Q5

平成8（1996）年、木村拓哉と山口智子が主演し、最終回の最高視聴率が36・7%を記録した月9ドラマといえば？

Q6
大学在学中に「飼育」で芥川賞を受賞し、平成6（1994）年に日本人二人目のノーベル文学賞を受賞した作家といえば？

Q7
平成7（1995）年、オウム真理教が地下鉄3路線で引き起こした同時多発テロ事件を何という？

Q8
平成3（1991）年に出版された、女優・宮沢りえの伝説のヘアヌード写真集のタイトルは？

Q9
平成4（1992）年、100歳を過ぎても元気で大ブームを起こした双子の姉妹といえば、○○○○・ぎんさん。

Q10
平成9（1997）年、香港の主権が中国に返還されたが、それまではどこの国の領土だった？

答えは90ページ

Q 11

平成4（1992）年、夏の高校野球大会で、明徳義塾のピッチャーが5打席連続で敬遠した星稜高校の選手はだれ？

Q 12

平成8（1996）年、大阪・堺の小学校で発生した大規模な集団食中毒の原因菌は何？

Q 13

平成9（1997）年、史上最年少の21歳3カ月で初めてマスターズを制覇したプロゴルファーといえば？

Q 14

平成4（1992）年、自作のゴンドラで琵琶湖を飛び立ち、太平洋横断をめざしたものの消息不明となったのは、○○おじさん。

Q 15

平成元（1989）年、戦後ドイツの東西分断の象徴であった〝壁〟が崩壊したが、これを何という？

Q16
平成5（1993）年に開幕した日本初のプロサッカーリーグ、Jリーグで初優勝したのは、〇〇〇〇〇川崎。

Q17
平成3（1991）年、ボディコンや扇子（ジュリ扇）をはやらせた〇〇〇〇〇東京がオープン。

Q18
平成3（1991）年、イラクのクウェート侵攻をきっかけに多国籍軍とイラクのあいだで始まった戦争を何という？

Q19
平成2（1990）年、現在の三井住友銀行の前身である三井銀行と合併したのは、〇〇〇〇銀行。

Q20
平成5（1993）年、日本で初の世界遺産に登録されたのは、法隆寺地域の仏教建造物、姫路城、白神山地と、あと一つは？

答えは90ページ

Q21
平成2（1990）年2月から3月にかけての株価大暴落により始まったのが、○○○経済の崩壊。

Q22
平成6（1994）年、日本人女性で初めてスペースシャトル「コロンビア」で宇宙飛行をした人は？

Q23
平成8（1996）年、餌《えさ》を与えたり、フン掃除をしたりしてキャラクターを育てるゲームが女子高生を中心に大流行したが、これを何という？

Q24
平成元（1989）年、佐賀県で発掘され全国に大々的に報道された弥生時代中期の遺跡は、○○○○遺跡。

Q25
平成3（1991）年、大勢の人が入り交じった絵の中から主人公を探す絵本『○○○○○をさがせ！』がベストセラーを記録し、ブームが過熱。

Q26
平成5（1993）年、外国人力士として初めて横綱に昇進し、外国人横綱の草分け的存在といわれたのは？

Q27
平成7（1995）年、横山ノックが大阪府知事に当選したこの年、東京都知事になったタレントはだれ？

Q28
平成元（1989）年、相撲界で初めて国民栄誉賞を受賞したのは？

Q29
平成7（1995）年、一般家庭にもパソコンが普及するきっかけとなったマイクロソフト製OS「〇〇〇〇〇〇〇95」が発売。

＊アルファベット7文字が入ります。

Q30
平成4（1992）年に営業運転を開始した、東京駅〜新大阪駅間を約2時間半で移動できる東海道新幹線の愛称は何という？

答えは90ページ

Q31
平成元（1989）年に出版された『「NO」と言える日本』をソニー会長・盛田昭夫と共同執筆した作家・政治家といえばだれ？

Q32
平成2（1990）年、アニメ「ちびまる子ちゃん」の主題歌「おどるポンポコリン」を歌ったのは、B・B・○○○○。

Q33
武田鉄矢の「僕は死にましぇん」が流行語にもなった、平成3（1991）年放送の月9ドラマといえば、「101回目の○○○○○」。

Q34
平成4（1992）年から放送されたテレビ朝日系アニメ「美少女戦士セーラームーン」の主人公の決めゼリフは、「月にかわって○○○○○！」。

Q35
平成9（1997）年に公開され、第70回アカデミー賞で11部門を受賞した映画「タイタニック」でヒロインを演じた女優といえば、ケイト・○○○○○○○。

Q36

平成5（1993）年、中年のカメラマンと人妻の運命的な出逢いと4日間だけの情事を描き、大ベストセラーとなった恋愛小説は、『〇〇〇〇〇〇の橋』

Q37

1972年に発売され、女子高生のルーズソックスブームに乗って平成6（1994）年に見事に復活した商品といえば？

Q38

平成6（1994）年、安達祐実主演のテレビドラマ「家なき子」の主題歌として書き下ろされた中島みゆきの曲は？

Q39

平成8（1996）年、「LA・LA・LA LOVE SONG」で久保田利伸とコラボしたイギリスのスーパーモデルといえば、〇〇〇・キャンベル。

Q40

平成5（1993）年、恐竜の動きをリアルに再現したことで話題を呼んだ、映画「ジュラシック・パーク」の監督は？

答えは90ページ

Q41

平成元（1989）年、『TUGUMI』が年間ベストセラー第1位、前年出版の『キッチン』が第2位となり、一大ブームを巻き起こした作家といえば？

Q42

平成8（1996）年、茶髪のロングヘア・細マユ・ミニスカートに厚底ブーツと、安室奈美恵のファッションを模した女性たちを何と呼んだ？

Q43

平成4（1992）年、「女性版関白宣言」ともいわれた平松愛理のヒット曲は、「部屋と○○○と私」。

Q44

平成6（1994）年、全国を旅するなかで聞いた、「老い」「病い」「死」についての多くの人の本音を紹介し、ミリオンセラーとなった『大往生』の作者は？

Q45

平成8（1996）年、井上陽水が作詞、奥田民生が作曲・プロデュースした、女性ボーカルデュオ、PUFFYのデビュー曲は？

Q46

平成9（1997）年、デビューするや179万枚のビッグヒットを記録したKinki Kidsのシングルといえば、「○○の少年」。

Q47

平成4（1992）年に放送されたTBS系列ドラマ「ずっとあなたが好きだった」で、佐野史郎が演じたマザコンでオタクの夫の名前は？

Q48

平成9（1997）年、前年にリリースされた「白い雲のように」（作詞・藤井フミヤ／作曲・藤井尚之）が異例のロングヒットとなったお笑いコンビは？

Q49

平成2（1990）年、そのタイトルが流行語大賞大衆賞にも選ばれた、元女優・二谷友里恵のミリオンセラーといえば、『○○○○理由』。

Q50

平成5（1993）年、日本テレビ開局40周年記念ドラマ「西遊記」の主題歌となったのは、B'zの「○○○○○○○○○○ 僕は君だけを傷つけない」。

答えは90～91ページ

Q51

平成7（1995）年に公開された、冤罪《えんざい》で刑務所送りとなった銀行家が希望を捨てずに生き抜くヒューマン映画の名作といえば、「〇〇〇〇〇〇〇の空に」。

Q52

平成2（1990）年、「赤と黒のエクスタシー」と銘打ち、上杉軍を黒一色、武田軍を赤一色に統一したビジュアルで川中島の合戦を描いた角川映画といえば？

Q53

もとはフィリピンの伝統的発酵食品で、その独特の食感によって平成5（1993）年に日本で熱狂的なブームが起こった食品といえば？

Q54

平成4（1992）年、国民的アニメ「サザエさん」にまつわる疑問や謎について解説し話題となった本といえば？

Q55

平成元（1989）年に公開された映画「ダイ・ハード」で、主人公のニューヨーク市警ジョン・マクレーン刑事を演じたのはだれ？

Q 56

平成7（1995）年、「世界で一番やさしい哲学の本」としてベストセラーとなったヨースタイン・ゴルデルの哲学入門書といえば、『○○○○の世界』。

Q 57

平成3（1991）年の新語・流行語大賞の年間大賞を受賞した「××じゃあ～りませんか」は、だれのギャグ？

Q 58

平成元（1989）年に放送が開始されたTBSの深夜の人気番組で、通称「イカ天」と呼ばれたのは？

Q 59

平成9（1997）年、舞台美術家としても知られ、自伝的長編小説『少年H』で毎日出版文化賞特別賞を受賞したのはだれ？

Q 60

平成7（1995）年に発売されるや人気が加熱し、履いている人をねらった強盗まで登場したナイキのスニーカーの名前は？

答えは91ページ

Q1

平成12（2000）年、祝日の一部を月曜日に移動させ、土・日と合わせて3連休とする「○○○○マンデー制度」が導入された。

Q2

平成20（2008）年、アメリカの大手投資銀行リーマンブラザーズの破綻《はたん》により世界が大混乱に陥った経済危機を何という？

Q3

平成12（2000）年、沖縄サミットの開催を記念して発行された二千円紙幣の表の図柄に描かれているのは、首里城の○○門。

Q4

平成18（2006）年、電話番号を変えずに通信キャリアの乗り換えができる「携帯電話番号ポータビリティ」が始まったが、アルファベット3文字で何という？

Q5

平成13（2001）年9月11日、アメリカ同時多発テロでテロリストたちが操縦する旅客機が突っ込んだのは、ニューヨークの何というビル？

Q6

平成24（2012）年、世界で初めて○○○細胞（人工多能性幹細胞）の作製に成功したことで、京都大学の山中伸弥教授がノーベル生理学・医学賞を受賞。

Q7

平成14（2002）年、多摩川に現われたアゴヒゲアザラシの愛くるしい表情が話題となり、この年の新語・流行語大賞の年間大賞に選ばれた愛称は何？

Q8

平成20（2008）年、大統領選挙戦中のスローガン「Yes, we can!（そうだ、私たちにはできる）」が話題になったアメリカ大統領といえば、バラク・○○○。

Q9

平成23（2011）年3月、東北地方太平洋沖地震（東日本大震災）の津波により壊滅的な被害を受けた原子力発電所は何という？

Q10

平成10（1998）年に開通した、兵庫・神戸市と淡路島の淡路市を結ぶ世界最長の吊り橋は、○○海峡大橋。

答えは91ページ

Q 11
平成14（2002）年、「看護婦」「看護士」の呼び方が全国いっせいに「〇〇〇」に統一された。

Q 12
平成29（2017）年、『日の名残り』でノーベル文学賞を受賞したのは、日系イギリス人のカズオ・〇〇〇〇。

Q 13
平成17（2005）年に愛知県で開催された、1970年の大阪万博以来の大規模国際博覧会といえば、「〇・地球博」。

Q 14
平成17（2005）年、何がなんでも郵政民営化を実現させるために衆議院の解散総選挙に打って出た首相はだれ？

Q 15
平成24（2012）年5月、東京・墨田区で開業した高さ634mの電波塔といえば、東京〇〇〇〇〇〇。

Q16

平成11（1999）年、NTTドコモが始めた、携帯電話からインターネットやメールができるサービス（現在、新規の申し込み受け付けは終了）を何という？

Q17

平成12（2000）年、シドニーオリンピックの女子マラソンで日本人初の金メダルを獲得したのはだれ？

Q18

平成19（2007）年、楽天イーグルスの田中将大《まさひろ》が4回で5失点しながら勝利投手になったとき、野村克也監督が言ったのが「マー君、○の子、○○○な子」。

Q19

平成10（1998）年、長野オリンピックのスピードスケート500mで日本人初の金メダルをとり、1000mで銅をとったのは、○○宏保《ひろやす》選手。

Q20

平成21（2009）年、日本のゴルフツアー史上最年少の18歳80日で賞金王に輝いた石川遼のニックネームは、○○○○王子。

答えは91ページ

平成10年～〈はやったモノ〉

Q21
平成10（1998）年、「Automatic」でデビューし、圧倒的な歌唱力でまたたく間に人気アーティストとなった宇多田ヒカルの母親はだれ？

Q22
平成16（2004）年に公開され、大ヒットした映画「世界の中心で、愛をさけぶ」は略して何と呼ばれた？

Q23
平成13（2001）年に始まった若手漫才師による漫才コンクール「M-1グランプリ」の初代チャンピオンになったのは、○○家。

Q24
鈴木光司の小説を原作とし、平成10（1998）年に公開されたホラー映画「リング」で、テレビの画面から這《は》い出てくる女性の名前は？

Q25
平成11（1999）年、NHK教育テレビジョン（NHK Eテレ）「おかあさんといっしょ」でブレイクした「だんご3兄弟」を歌ったのは、速水けんたろうとだれ？

Q26
平成12（2000）年、コンビニエンスストアなどで発売されると若い女性のあいだで人気になり、記録的なヒット商品となったのが、「甘栗○○○○○○○○」。

Q27
平成15（2003）年、日本のアニメーションとして初めてアカデミー賞長編アニメーション賞を受賞した宮崎駿《はやお》監督の作品は？

Q28
平成12（2000）年、「男と女はなぜ理解し合えないのか」の謎を解き明かした、アラン・ピーズらの超ベストセラーは、『話を聞かない男、○○○○○○○女』。

Q29
平成13（2001）年からクラシック音楽をテーマに連載され、上野樹里《じゅり》主演のテレビドラマでも話題になった二ノ宮知子のマンガのタイトルは？

Q30
平成11（1999）年にソニーから発売され、ヒット商品となった犬型のエンタテインメントロボットといえば？

答えは91ページ

Q31

平成18（2006）年、「千の風になって」のヒットでNHK紅白歌合戦に初出場を果たしたテノール歌手といえば、だれ？

Q32

平成13（2001）年に発売され、日本語ブーム、音読ブームの火付け役となった『声に出して読みたい日本語』の作者は？

Q33

平成14（2002）年に発売された犬とのコミュニケーションツールで、2002年度のイグノーベル賞平和賞を受賞した商品は、「○○リンガル」。

Q34

平成19（2007）年に刊行された水野敬也著『夢をかなえるゾウ』に登場する、人間の体にゾウの鼻、4本の腕をもつインドの神様の名前は？

Q35

平成12（2000）年、サザンオールスターズ史上最大のヒットを記録し、第42回日本レコード大賞の大賞を受賞した曲といえば？

Q36

平成15（2003）年、「なぜ互いに話が通じないのか」を説いて大ベストセラーとなった養老孟司の著作のタイトルは？

Q37

平成20（2008）年に再ブームとなり、新語・流行語大賞にもとりあげられた小林多喜二の小説といえば？

Q38

平成13（2001）年から連載が開始された荒川弘《ひろむ》のヒットマンガ、通称「ハガレン」といえば？

Q39

平成16（2004）年、モルドバ出身の男性3人組グループO-Zoneの曲で、名古屋のラジオ局がかけつづけたことで大ヒットしたのは、「恋のマイ〇〇」。

Q40

平成20（2008）年、湊《みなと》かなえのデビュー作で、「週刊文春ミステリーベスト10」で第1位を獲得した『告白』の主人公の職業は？

答えは91～92ページ

Q41

平成13（2001）年、世界的人気となったJ・K・ローリングの子供向けファンタジー小説の第1作として映画化されたのは、「ハリー・ポッターと○○○○」。

Q42

平成17（2005）年、昭和33年の東京の下町を舞台に、家族のふれあいを描いて人気となった映画は、「ALWAYS ○○○の夕日」。

Q43

平成10（1998）年、なぜ離婚を選んだのか、42歳の郷ひろみがその思いをつづって話題を呼んだ本のタイトルは？

Q44

平成17（2005）年に発表されたリリー・フランキーの自伝的長編小説『東京タワー』のサブタイトルは、「オカンとボクと、時々、○○○」。

Q45

平成20（2008）年、東野圭吾のヒット作「ガリレオシリーズ」を原作とする、福山雅治初の主演映画は？

Q46
平成18（2006）年、クリント・イーストウッド監督の映画「硫黄島《いおうじま》からの手紙」に出演し、話題となった嵐のメンバーといえば？

Q47
平成11（1999）年、「物忘れやぼけ、もうろくは老年域に達してこそ身につく力である」と説いて社会現象ともいえる流行語になった『老人力』の作者は？

Q48
平成18（2006）年にリリースされた「ダニー・カリフォルニア」などのヒット曲で知られ、日本では略称レッチリと呼ばれるロックバンドは？

Q49
平成20（2008）年、TBS系テレビドラマ「ROOKIES」の主題歌「キセキ」などがヒットしたGReeeeNのメンバーたちの本業は何？

Q50
平成21（2009）年、桃屋が「辛そうで辛くない少し辛いラー油」を発売したことで一気にブームとなったのは、○○○ラー油。

答えは92ページ

答え

●平成元年〜9年

Q1▼プリウス
Q2▼セナ
Q3▼ゴルバチョフ
Q4▼日経平均
Q5▼ロングバケーション
Q6▼大江健三郎
Q7▼地下鉄サリン事件
Q8▼Santa Fe
Q9▼きんさん
Q10▼イギリス
Q11▼松井秀喜
Q12▼O157
Q13▼タイガー・ウッズ
Q14▼風船
Q15▼ベルリンの壁

Q16▼ヴェルディ
Q17▼ジュリアナ
Q18▼湾岸戦争
Q19▼太陽神戸
Q20▼屋久島
Q21▼バブル
Q22▼向井千秋
Q23▼たまごっち
Q24▼吉野ヶ里
Q25▼ウォーリー
Q26▼曙《あけぼの》太郎
Q27▼青島幸男
Q28▼千代の富士貢《みつぐ》
Q29▼Windows
Q30▼のぞみ
Q31▼石原慎太郎
Q32▼クィーンズ

Q33▼プロポーズ
Q34▼おしおきよ
Q35▼ウィンスレット
Q36▼マディソン郡
Q37▼ソックタッチ
Q38▼空と君のあいだに
Q39▼ナオミ
Q40▼スティーブン・スピルバーグ
Q41▼吉本ばなな
Q42▼アムラー
Q43▼Yシャツ
Q44▼永六輔
Q45▼アジアの純真
Q46▼硝子
Q47▼冬彦(さん)
Q48▼猿岩石

Q49▼愛される
Q50▼愛のままにわがままに
Q51▼ショーシャンク
Q52▼天と地と
Q53▼ナタデココ
Q54▼磯野家の謎
Q55▼ブルース・ウィリス
Q56▼ソフィー
Q57▼チャーリー浜
Q58▼(三宅裕司の)いかすバンド天国
Q59▼妹尾《せのお》河童《かっぱ》
Q60▼エアマックス95

●平成10年〜

Q1▼ハッピー
Q2▼リーマンショック
Q3▼守礼
Q4▼MNP
Q5▼ワールドトレードセンター
Q6▼iPS
Q7▼タマちゃん
Q8▼オバマ
Q9▼福島第一原子力発電所
Q10▼明石
Q11▼看護師
Q12▼イシグロ
Q13▼愛
Q14▼小泉純一郎
Q15▼スカイツリー
Q16▼iモード
Q17▼高橋尚子
Q18▼神　不思議
Q19▼清水
Q20▼ハニカミ
Q21▼藤圭子
Q22▼セカチュー
Q23▼中川
Q24▼貞子
Q25▼茂森あゆみ
Q26▼むいちゃいました
Q27▼千と千尋《ちひろ》の神隠し
Q28▼地図が読めない
Q29▼のだめカンタービレ
Q30▼AIBO(現・aibo)
Q31▼秋川雅史
Q32▼齋藤孝
Q33▼バウ
Q34▼ガネーシャ
Q35▼TSUNAMI

答え

Q36▼バカの壁
Q37▼蟹工船《かにこうせん》
Q38▼鋼《はがね》の錬金術師
Q39▼アヒ
Q40▼中学校教員
Q41▼賢者の石
Q42▼三丁目
Q43▼ダディ
Q44▼オトン
Q45▼容疑者Xの献身
Q46▼二宮和也
Q47▼赤瀬川原平
Q48▼レッド・ホット・チリ・ペッパーズ
Q49▼歯科医師
Q50▼食べる

きっと習ったはず！

国語・算数・理科・社会

＋英語と音楽

Q1
「彼女はにっこり顔をほころばせた」の「にっこり」の品詞は何?

Q2
「この掃除機は音が静かだ」の「静かだ」の品詞は何?

Q3
「人事研修を6時間も受けた」の「6時間」の品詞は何?

Q4
「努力したことは決してムダではない」の「決して」の品詞は何?

Q5
「兄はここで働いています」の「ここ」の品詞は何?

Q6
「豆乳にはホルモンのバランスを調整する働きがある」の「調整する」の品詞は何？

Q7
「雨がじとじと降りつづく」の「じとじと」の品詞は何？

Q8
「駅前に大きなマンションが建っている」の「大きな」の品詞は何？

Q9
「今日は寒い一日だった」の「寒い」の品詞は何？

Q10
「ある日、一通の手紙が届いた」の「ある」の品詞は何？

答えは142ページ

Q11

自立語のなかで活用する三つの品詞をすべてあげてください。

Q12

自立語のなかで活用しない五つの品詞をすべてあげてください。

Q13

動詞の六つの活用形をすべて答えてください。

Q14

動詞・形容詞・形容動詞をまとめて用言といい、名詞・代名詞を○○という。

Q15

一つのまとまった内容を表わす文のかたまりを何という?

Q16

意味のうえでも発音のうえでも不自然にならない程度に、文をできるだけ短く区切った最小のひと区切りを何という?

Q17

文をわかりやすくするため、語と語、文節の切れ目ごとに余白を設けることを、○○○書きという。

Q18

話し手・書き手が、相手の動作を高め、相手に対する敬意を表わすときに使う表現(言葉)を何という?

Q19

話し手・書き手の側がへりくだることで相手を立てる表現(言葉)を何という?

Q20

話し手・書き手が言い方をていねいにして、相手に対する敬意を表わすときに使う表現(言葉)を何という?

答えは142ページ

Q21
「いとど」を現代語でいうと何？
＊意味は複数あります。

Q22
「かくあらまほし」を現代語でいうと何？

Q23
「いとうつくし」を現代語でいうと何？
＊意味は複数あります。

Q24
「いみじうあはれなり」を現代語でいうと何？

Q25
「をかし」を現代語でいうと何？
＊意味は複数あります。

Q26

「ありがたし」を現代語でいうと何？

＊意味は複数あります。

Q27

「あだなり」を現代語でいうと何？

＊意味は複数あります。

Q28

「はづかし」を現代語でいうと何？

＊意味は複数あります。

Q29

「つれづれなり」を現代語でいうと何？

＊意味は複数あります。

Q30

「かなし」を現代語でいうと何？

＊意味は複数あります。

答えは142ページ

国語〈俳句・短歌〉

Q31
春の海　〇〇〇〇のたり　のたりかな（与謝蕪村）

Q32
夏草や　〇〇〇〇どもが　夢の跡（松尾芭蕉）

Q33
〇〇〇〇〇　まけるな一茶　これにあり（小林一茶）

Q34
柿くへば　鐘が鳴るなり　〇〇〇〇〇〇（正岡子規）

Q35
目には青葉　山〇〇〇〇〇　初がつお（山口素堂）

＊「〇」の数は、仮名読みの文字数です。

Q36

花の色はうつりにけりないたづらに　わが身〇〇〇〇ながめせしまに（小野小町）

Q37

これやこの行くも帰るも別れては　知るも知らぬも〇〇〇〇の関（蟬丸《せみまる》）

Q38

〇〇〇のあつき血汐にふれも見で　さびしからずや道を説く君（与謝野晶子）

Q39

たはむれに母を背負ひてそのあまり　軽《かろ》きに泣きて〇〇〇あゆまず（石川啄木）

Q40

「この味がいいね」と君が言ったから　七月六日は〇〇〇記念日（俵万智）

答えは142～143ページ

*「○」の数は、仮名読みの文字数です。

Q41
森鷗外が書いた、エリート官僚の太田豊太郎と、ドイツ人の踊り子エリスの恋物語といえば？

Q42
夏目漱石作『吾輩は猫である』に登場する猫の飼い主の名前は、珍野○○○○？

Q43
伊藤左千夫作『野菊の墓』の主人公、政夫が思いを寄せた従姉の名は？

Q44
敗戦後の没落貴族の家庭を舞台にした、太宰治《だざいおさむ》の代表作は？

Q45
「親譲りの無鉄砲で小供の時から損ばかりしている」で始まる夏目漱石の代表作は？

Q46

芥川龍之介作『蜘蛛《くも》の糸』で、地獄に落ちた主人公は?

Q47

『山椒魚』『黒い雨』で知られる作家といえば?

Q48

『たけくらべ』『にごりえ』を書いた明治の女性作家といえば?

Q49

言文一致体で書かれた近代文学の最初の作品といわれる『浮雲』の作者は?

Q50

「男もすなる日記といふものを」の書き出しで知られる、紀貫之《きのつらゆき》の作品は?

答えは143ページ

*「○」の数は、仮名読みの文字数です。

Q51
日本三大随筆といえば、『枕草子』『方丈記』と、あと一つは？

Q52
怪異小説9篇からなる、上田秋成の読本《よみほん》といえば？

Q53
新美南吉《にいみなんきち》作『手袋を買いに』で、手袋を買いにいったのはだれ？

Q54
『竜馬がゆく』『坂の上の雲』などの歴史小説で知られる作家は？

Q55
『源氏物語』の主人公、光源氏の親友であり、恋のライバルといわれる見目麗《みめうるわ》しい男子といえば、だれ？

Q56

シェイクスピアの四大悲劇といえば、『オセロー』『リア王』『マクベス』と、あと一つは？

Q57

『ガリバー旅行記』の著者は？

Q58

ドストエフスキー作『罪と罰』の主人公の名前は？

Q59

ドストエフスキーの五大長編といえば、『白痴』『罪と罰』『悪霊』『未成年』と、あと一つは『〇〇〇〇〇〇の兄弟』。

Q60

モンゴメリ作『赤毛のアン』の主人公アンの親友の名前は？

答えは143ページ

*「○」の数は、仮名読みの文字数です。

Q61
アンデルセン作『人魚姫』で、人魚姫が足を手に入れるために失ったのは？

Q62
日本では『巌窟王』として知られる大デュマの作品は？

Q63
オルコット作『若草物語』の四姉妹は、メグ、ジョー、ベス、○○○○。

Q64
ヘミングウェイ作『老人と海』で主人公がねらった魚は？

Q65
画家ポール・ゴーギャンをモデルに、サマセット・モームが書いたのは、『月と○○○○○』。

Q66

実際に起こった事件を題材にし、ジュリアン・ソレルを主人公とするスタンダールの名作は？

Q67

メルヴィル作『白鯨』に登場する白いクジラの名は、〇〇〇〇・ディック。

＊3文字の読み方もあります。

Q68

ヴィクトル・ユゴー作『レ・ミゼラブル』の主人公ジャン・バルジャンは、何を盗んで19年間も監獄生活を送ることになった？

Q69

ヘルマン・ヘッセの代表的自伝小説のタイトルは、『〇〇〇〇の下』。

Q70

レイ・ブラッドベリの不朽の名作といわれるSF小説は、『〇〇451度』。

答えは143ページ

国語〈文学作品〉

＊「○」の数は、仮名読みの文字数です。

Q71

「今日、○○○が死んだ」（カミュ『異邦人』）

Q72

「風立ちぬ、いざ○○○○○○」（堀辰雄『風立ちぬ』）

Q73

「元始、女性は○○○○であった」（平塚らいてう「青鞜」発刊の辞）

Q74

「ある朝、グレゴール・○○○が気がかりな夢から目ざめたとき、自分がベッドの上で一匹の巨大な毒虫に変わってしまっているのに気づいた」（カフカ『変身』原田義人訳）

Q75

「○○○はすべて山の中である」（島崎藤村『夜明け前』）

Q76

「智に働けば角が立つ。情に〇〇〇〇〇流される」（夏目漱石『草枕』）

Q77

「〇〇〇〇〇の山の上に 毎日出てゐる青い空が 智恵子のほんとの空だといふ」（高村光太郎『智恵子抄』）

Q78

「道が〇〇〇折りになつて、いよいよ天城峠に近づいたと思ふ頃」（川端康成『伊豆の踊子』）

Q79

「〇〇の多い生涯を送って来ました」（太宰治『人間失格』）

Q80

「〇〇〇〇なことは、目に見えないんだよ」（サン・テグジュペリ『星の王子さま』）

答えは143ページ

Q1
円の面積を求める公式は？

Q2
円の一周の長さを求める公式は？

Q3
球の表面積の求め方は？

Q4
扇形の面積の求め方は？

Q5
三角形の内角の和は何度？

Q6
五角形の外角の和は何度？

Q7
分子が分母より大きい（または分母と等しい）分数を何という？

Q8
ある整数を割り切ることのできる整数を何という？

Q9
約数が1と自分自身の二つしかない自然数を何という？

Q10
二つの辺の長さが等しい三角形の名称は？

答えは143～144ページ

Q11

台形の面積の求め方は？

Q12

三平方の定理の別名は？

Q13

0《ゼロ》の平方根は？

Q14

二つの図形を重ねるとぴったり重なるとき、それを何という？

Q15

形を変えずに拡大・縮小した図形のことを何という？

Q16

三角形の相似の条件とは、「三組の辺の比がすべて等しい」「二組の辺の比とその間の角がそれぞれ等しい」と、もう一つは？

Q17

（半径×半径×円周率）×高さ×$\frac{1}{3}$で求められるのは何の体積？

Q18

二組の対辺がそれぞれ平行な四角形の名称は？

Q19

自然数を素数の積の形で表わすことを何という？

Q20

正六面体の面の形は？

答えは144ページ

Q 21

池のまわりに10m間隔で10本の木を植えたとき、池の全周は何m？

Q 22

ツルとカメの数が10で、足の数が合計32本のとき、ツルは何羽、カメは何匹？

Q 23

おじいさんが自宅から500m離れた孫の家をめざして分速60m、おばあさんは孫の家から分速40mで同時に出発して自宅に向かうと、2人が出会うのは何分後？

Q 24

2時と3時のあいだで時計の短針と長針が重なるのは何時何分？

Q 25

時速10kmで進む船が、時速2kmで流れている川を60km下るのにかかる時間は？

Q26

時速80㎞で走る列車が、ある電柱を18秒で通過するとき、列車の長さは何m？

＊計算上、割り切れない場合は分数で計算してください。

Q27

一郎くんは5歳で、お父さんの年齢が一郎くんの7倍のとき、お父さんの年齢が一郎くんの4倍になるのは何年後？

Q28

ある仕事を、岡本さんは10日、中野さんは12日、川村さんは15日でやり終えるとすると、3人一緒にやったら何日で終わる？

Q29

40人の子供に肉と魚の好き嫌いを聞くと、肉が好きな人は25人、魚が好きな人は27人、どちらも嫌いな人は9人のとき、どちらも好きな人は何人？

Q30

天使はつねに真実を述べ、悪魔はつねに嘘をつく。A、Bは天使か悪魔かはっきりしないが、Aが「私が天使ならば、Bも天使です」と言った。A、Bの正体は？

答えは144ページ

Q1
光エネルギーによって、二酸化炭素と水からブドウ糖と酸素を合成する植物の働きを何という?

Q2
背骨がある動物を総称して何という?

Q3
クジラは何類の動物?

Q4
チョウ、セミ、クモ、トンボ、このなかで昆虫でないのはどれ?

Q5
イモリは両生類。では、ヤモリは何類?

Q6

食塩水は、中性、酸性、アルカリ性のうち、何性の溶液？

Q7

フグの毒の名称は？

Q8

ニュートンが発見した、すべての物体の間に働いて互いに引き合う力とは何？

Q9

ヘクトパスカルって何の単位？

Q10

エネルギーや仕事の単位は何？

答えは144ページ

Q11
電流の単位はアンペア。では、電圧の単位は？

Q12
観測者と音源が互いに近づいたり遠ざかったりするときに、音の高さが変わることを何という？

Q13
サクラは何科の植物？

Q14
タンポポとヒマワリは何科の植物？

Q15
キュウリ、カボチャ、トマト、スイカ、このなかで科が違うのはどれ？

Q16
気温や湿度を測る、気象観測用の小屋形の木箱を何という？

Q17
オタマジャクシからカエルに変わることを何という？

Q18
絵の具の赤、青、黄を混ぜると、理論的には何色になる？

Q19
ドライアイスは何が固まったもの？

Q20
熱の伝わり方は、伝導、放射と、あと一つは何？

答えは144ページ

Q21
電圧=電流×抵抗、これは何の法則?

Q22
大気中でもっとも軽い気体は?

Q23
太陽の表面温度は、およそ何℃?

Q24
ダイヤモンドは何でできている?

Q25
正式名をシアン化カリウムという毒薬は何?

Q26
音の伝わる速さは秒速何メートル？

Q27
X線を発見した人物はだれ？

Q28
石灰石に薄い塩酸を加えると二酸化炭素が発生する。では、亜鉛に薄い塩酸を加えると発生する気体は何？

Q29
宵《よい》の明星、明けの明星と呼ばれる惑星は？

Q30
マグマが冷え固まった岩石を何という？

答えは144〜145ページ

社会〈歴史〉

Q1
縄文人が食料としていた貝がらや動物の骨、土器などが出土する遺跡を何という？

Q2
7世紀につくられ、現存する世界最古の木造建築は？

Q3
日本で初めてつくられた本格的な都の名前は？

Q4
奈良時代、宝物をおさめた東大寺正倉院の特色ある建築様式を何という？

Q5
奈良時代に九州地方の政治や外交、防衛を行なった役所は？

Q6
平安時代に栄えた伝統的な球技といえば？

Q7
平安時代に天台宗を日本に伝えたのはだれ？

Q8
1185年、壇ノ浦の戦いで敗れたのは？

Q9
主君と武士が、土地を仲立ちとして御恩と奉公の関係で結ばれている制度を何という？

Q10
室町幕府を開いたのはだれ？

答えは145ページ

Q11
明智光秀にそむかれ、織田信長が自害した寺は？

Q12
1607年に加藤清正によって築かれた、九州で有名な城は？

Q13
大坂城を本拠地とした武将は？

Q14
徳川家康がまつられている建物は？

Q15
江戸幕府が定めた、大名を取り締まる決まりを何という？

Q16
関ヶ原の戦い以前から徳川家に従っていた大名を何という?

Q17
江戸時代に各地をまわって測量し、日本地図をつくった人は?

Q18
第5代将軍徳川綱吉のときに出された動物愛護の法律は?

Q19
明治維新の改革を進めた人物といえば、大久保利通、西郷隆盛と、もう一人は?

Q20
1868年3月、天皇が神に誓うかたちで示した明治新政府の基本方針は?

答えは145ページ

Q21
明治初期、欧米の新しい制度や知識を取り入れて進めた近代化を何という？

Q22
早稲田大学の創設者で、1882年に立憲改進党を結成したのはだれ？

Q23
1901年に操業を開始した日本最大の官営製鉄所は？

Q24
1918年、平民宰相として日本で初めて本格的な政党内閣を組閣した人は？

Q25
1932年の五・一五事件で暗殺された当時の首相は？

Q26

世界四大文明といえば、インダス文明、エジプト文明、黄河文明と、あと一つは？

Q27

ローマ帝国でつくられた円形闘技場を何という？

Q28

三大宗教のキリスト教、イスラム教、仏教を古い順に並べると？

Q29

イスラム教の聖典は何という？

Q30

北方民族の侵入を防ぐため、万里の長城を建設した皇帝は？

答えは145ページ

Q 31

イギリスで1215年に定められ、「大憲章」と訳される文書は？

Q 32

ルネサンス期の三大発明といえば、火薬、羅針盤と、あと一つは？

Q 33

1688年にイギリスで起こった無血革命を何という？

Q 34

「朕《ちん》は国家なり」という言葉で知られるフランス国王は？

Q 35

1776年、わずか33歳で「アメリカ独立宣言」を起草し、1800年の大統領選挙で第3代アメリカ大統領に就任した人物はだれ？

Q36
1842年、アヘン戦争を終結させるためイギリスと清のあいだで結ばれた講和条約を何という？

Q37
1900年、清で起こった反キリスト教、排外主義の民衆蜂起を何という？

Q38
1914年、第1次世界大戦が始まる引き金となった事件は？

Q39
1920年に設立された世界最初の国際平和維持機構とは何？

Q40
1941年、日本軍による真珠湾攻撃をきっかけの一つとして、アメリカ、イギリスなどの連合国と日本とのあいだで戦われた戦争を何という？

答えは145ページ

Q41
日本の最西端は?

Q42
日本の最東端は?

Q43
日本の本土における最北端は?

Q44
日本の最南端は?

Q45
日本でいちばん高い山は富士山。では二番目は?

Q46
日本でいちばん長い川は？

Q47
日本で二番目に大きい湖は？

Q48
日本で二番目に海岸線の長い都道府県は？

Q49
日本でいちばん面積が小さい都道府県は？

Q50
長野県と接している都道府県はいくつある？

答えは146ページ

Q51
日本三大急流といえば、富士川、最上川と、あと一つは?

Q52
気象庁が認めている日本の活火山はいくつある?

Q53
木曽山脈、飛騨山脈と並んで日本アルプスと呼ばれる山脈は?

Q54
世界でいちばん高い山はエベレスト。では、二番目に高い山は?

Q55
世界でいちばん深い湖は?

Q56

世界でいちばん面積が大きい島は？

Q57

世界でいちばん面積が大きい湖は？

Q58

世界でいちばん面積が小さい国は？

Q59

世界でいちばん長い川は？

Q60

アジアでいちばん長い川は？

答えは146ページ

Q61
日本は八つの地域に分かれているが、北海道地方、関東地方、中部地方、近畿地方、中国地方、九州地方、あと二つは何という？

Q62
農業用水のためのため池が多くあるのは四国の何平野？

Q63
三陸海岸や志摩半島、若狭湾など、海岸線がギザギザに入り組んだところを何という？

Q64
北海道で冬、流氷が見られるのは何という海？

Q65
幕末に外国人居留地が設置され、現在でも異人館や中華街がある関西の都市といえば？

Q66
民俗芸能や祭りなど、国がとくに重要だと指定したものを何という？

Q67
青森市で8月に開催される祭りはねぶた祭、では弘前市で行なわれる祭りは？

Q68
原料を輸入して工業製品を輸出する貿易を何という？

Q69
関東地方を広くおおっている、火山灰を起源とする赤土を何という？

Q70
江戸時代、大坂は何と呼ばれていた？

答えは146ページ

＊（　）内には5W1Hが入ります。

Q1

（　）do you begin?（いつ始めるの?）

Q2

（　）are you moving?（引っ越しはいつ?）

Q3

（　）is the Japanese Embassy?（日本大使館はどこにありますか?）

Q4

（　）is the boss?（上司はだれ?）

Q5

（　）do they come here?（彼らはいつ来るの?）

Q6
（　）do you do after school?（あなたは放課後何をしてるの？）

Q7
（　）are you laughing?（なぜ笑ってるの？）

Q8
（　）is your birthday?（誕生日はいつ？）

Q9
（　）will the weather be tomorrow?（明日の天気はどう？）

Q10
（　）is in that box?（あの箱には何が入ってるの？）

答えは146ページ

＊（　）内には5W1Hが入ります。

Q11

(　) is this actor?　（この俳優はだれ？）

Q12

(　) makes dinner every evening?　（毎日だれが夕食をつくってるの？）

Q13

(　) is the entrance ceremony?　（入学式はいつ？）

Q14

(　) is the bathroom?　（トイレはどこ？）

Q15

(　) did you eat dinner?　（どこで夕食を食べたの？）

Q16
(　　) do you respect?（だれを尊敬しているの？）

Q17
(　　) can I be strong?（どうやったら強くなれる？）

Q18
(　　) many cats do you have?（猫を何匹飼ってるの？）

Q19
(　　) long is this car?（この車の長さは？）

Q20
(　　) much is this bag?（このバッグはいくらするの？）

答えは146〜147ページ

音楽〈童謡・唱歌〉

＊「○」の数は、仮名読みの文字数です。

Q1

甍《いらか》の波と雲の波、重なる波の○○○○を、橘かおる朝風に、高く泳ぐや、鯉のぼり（「鯉のぼり」）

Q2

卯の花の、匂う垣根に○○○○○、早も来鳴きて忍音《しのびね》もらす、夏は来ぬ（「夏は来ぬ」）

Q3

青空高くそびえたち　からだに雪の○○○○○○　かすみのすそを遠くひく　富士は日本一の山（「富士山」）

Q4

青い眼をしたお人形は　アメリカ生まれの○○○○○（「青い眼の人形」）

Q5

山の畑の、桑の実を　○○○に摘《つ》んだは、まぼろしか（「赤とんぼ」）

Q6

あらあらあのこはずぶぬれだ　やなぎの○○○○ないている　ピッチピッチ　チャップチャップ　ランランラン（「あめふり」）

Q7

うみにおふねをうかばせて　いってみたいな○○○○○（「うみ」）

Q8

手のひらを太陽にすかしてみれば　まっかに流れるぼくの血潮　ミミズだって○○○だってアメンボだって（「手のひらを太陽に」）

Q9

我は海の子白浪の　さわぐいそべの松原に　煙たなびく○○○こそ　わがなつかしき住家《すみか》なれ（「われは海の子」）

Q10

ずいずいずっころばしごまみそずい　ちゃつぼにおわれて○○○○○○○（「ずいずいずっころばし」）

答えは147ページ

答え

●国語

Q1▼副詞
Q2▼形容動詞
Q3▼名詞
Q4▼副詞
Q5▼代名詞
Q6▼動詞
Q7▼副詞
Q8▼連体詞
Q9▼形容詞
Q10▼連体詞
Q11▼動詞・形容詞・形容動詞
Q12▼名詞（代名詞）・副詞・連体詞・接続詞・感動詞
Q13▼未然形・連用形・終止形・連体形・仮定形・命令形
Q14▼体言
Q15▼文章
Q16▼文節
Q17▼分かち
Q18▼尊敬語
Q19▼謙譲語
Q20▼丁寧語
Q21▼いっそう・ますます
Q22▼こうあってほしい
Q23▼とても美しい・とてもかわいい
Q24▼たいそう趣《おもむき》がある
Q25▼風情がある・かわいい・おもしろい・優れている
Q26▼生きるのが難しい・めったにない・このうえなくすばらしい
Q27▼不誠実だ・はかない・むなしい
Q28▼気恥ずかしい・優れている
Q29▼退屈だ・ものさびしい
Q30▼かわいい・かわいそうだ
Q31▼ひねもす
Q32▼兵《つわもの》
Q33▼痩蛙《やせがえる》
Q34▼法隆寺《ほうりゅうじ》
Q35▼ほととぎす
Q36▼世にふる
Q37▼逢坂《あふさか》
Q38▼やは肌《はだ》
Q39▼三歩《さんぽ》

Q40▼サラダ
Q41▼舞姫
Q42▼苦沙弥《くしゃみ》
Q43▼民子
Q44▼斜陽
Q45▼坊っちゃん
Q46▼カンダタ
Q47▼井伏鱒二
Q48▼樋口一葉
Q49▼二葉亭四迷
Q50▼土佐日記
Q51▼徒然草
Q52▼雨月物語
Q53▼子狐
Q54▼司馬遼太郎
Q55▼頭中将《とうのちゅうじょう》
Q56▼ハムレット

Q57▼スウィフト
Q58▼ラスコーリニコフ
Q59▼カラマーゾフ
Q60▼ダイアナ
Q61▼声
Q62▼モンテ・クリスト伯
Q63▼エイミー
Q64▼カジキ
Q65▼六《ろく》ペンス
Q66▼赤と黒
Q67▼モービィ（モビー）
Q68▼一本のパン
Q69▼車輪《しゃりん》
Q70▼華氏
Q71▼ママン
Q72▼生きめやも
Q73▼太陽《たいよう》

Q74▼ザムザ
Q75▼木曽路
Q76▼棹《さお》させば
Q77▼阿多多羅山《あたたらやま》
Q78▼つづら
Q79▼恥《はじ》
Q80▼かんじん

●算数・数学

Q1▼半径×半径×円周率
Q2▼直径×円周率
Q3▼$4\pi r^2$（4×円周率×半径×半径）
Q4▼円周率×半径×半径×中心角÷360
Q5▼180度
Q6▼360度

答え

Q7▼仮分数
Q8▼約数
Q9▼素数
Q10▼二等辺三角形
Q11▼(上底＋下底)×高さ÷2
Q12▼ピタゴラスの定理
Q13▼0
Q14▼合同
Q15▼相似
Q16▼二組の角がそれぞれ等しい
Q17▼円錐
Q18▼平行四辺形
Q19▼素因数分解
Q20▼正方形
Q21▼100m
Q22▼ツル4羽、カメ6匹
Q23▼5分後
Q24▼2時$10\frac{10}{11}$分
Q25▼5時間
Q26▼400m
Q27▼5年後
Q28▼4日
Q29▼21人
Q30▼AもBも天使

●理科

Q1▼光合成
Q2▼脊椎動物
Q3▼哺乳類
Q4▼クモ
Q5▼爬虫類
Q6▼中性
Q7▼テトロドトキシン
Q8▼万有引力
Q9▼気圧
Q10▼ジュール
Q11▼ボルト
Q12▼ドップラー効果
Q13▼バラ科
Q14▼キク科
Q15▼トマト（トマトはナス科、ほかはウリ科）
Q16▼百葉箱
Q17▼変態
Q18▼黒
Q19▼二酸化炭素
Q20▼対流
Q21▼オームの法則
Q22▼水素

Q23▼6000℃
Q24▼炭素
Q25▼青酸カリ
Q26▼約340メートル
Q27▼レントゲン
Q28▼水素
Q29▼金星
Q30▼火成岩

●社会

Q1▼貝塚
Q2▼法隆寺
Q3▼藤原京
Q4▼校倉造《あぜくらづくり》
Q5▼大宰府《だざいふ》
Q6▼蹴鞠《けまり》
Q7▼最澄《さいちょう》（伝教大師《でんぎょうだいし》）

Q8▼平氏（平家）
Q9▼封建制度
Q10▼足利尊氏《たかうじ》
Q11▼本能寺
Q12▼熊本城
Q13▼豊臣秀吉
Q14▼日光東照宮
Q15▼武家諸法度
Q16▼譜代大名
Q17▼伊能忠敬《ただたか》
Q18▼生類憐《しょうるいあわれ》みの令
Q19▼木戸孝允《たかよし》（桂小五郎）
Q20▼五箇条の御誓文《ごせいもん》
Q21▼文明開化
Q22▼大隈《おおくま》重信
Q23▼（官営）八幡製鐵所
Q24▼原敬

Q25▼犬養毅
Q26▼メソポタミア文明
Q27▼コロッセオ
Q28▼仏教、キリスト教、イスラム教
Q29▼コーラン
Q30▼始皇帝
Q31▼マグナ・カルタ
Q32▼活版印刷
Q33▼名誉革命
Q34▼ルイ14世
Q35▼トマス・ジェファソン
Q36▼南京条約
Q37▼義和団事件
Q38▼サラエボ事件
Q39▼国際連盟
Q40▼太平洋戦争（大東亜戦争）

答え

Q41▼与那国島《よなぐにじま》
Q42▼南鳥島
Q43▼宗谷岬
Q44▼沖ノ鳥島
Q45▼北岳
Q46▼信濃川
Q47▼霞ケ浦
Q48▼長崎県（1位は北海道）
Q49▼香川県
Q50▼8県
Q51▼球磨川《くまがわ》
Q52▼111（2020年10月1日現在、気象庁調べ）
Q53▼赤石山脈
Q54▼K2
Q55▼バイカル湖
Q56▼グリーンランド

Q57▼カスピ海
Q58▼バチカン市国
Q59▼ナイル川
Q60▼長江
Q61▼東北地方、四国地方
Q62▼讃岐《さぬき》平野
Q63▼リアス海岸（注＝現在の教科書では「リアス式」は使われていません）
Q64▼オホーツク海
Q65▼神戸市
Q66▼重要無形民俗文化財
Q67▼ねぶたまつり
Q68▼加工貿易
Q69▼関東ローム
Q70▼天下の台所

●英語

Q1▼When
Q2▼When
Q3▼Where
Q4▼Who
Q5▼When
Q6▼What
Q7▼Why
Q8▼When
Q9▼How
Q10▼What
Q11▼Who
Q12▼Who
Q13▼When
Q14▼Where
Q15▼Where

Q16▼Who
Q17▼How
Q18▼How
Q19▼How
Q20▼How

●音楽

Q1▼中空《なかぞら》
Q2▼時鳥《ほととぎす》
Q3▼着物着て
Q4▼セルロイド
Q5▼小籠《こかご》
Q6▼ねかたで
Q7▼よそのくに
Q8▼オケラ
Q9▼とまや
Q10▼トッピンシャン

Anata e no mijika na mondai.

おとといの夕飯は何を食べましたか？

Kotae wa anata no atama no naka ni arimasu.

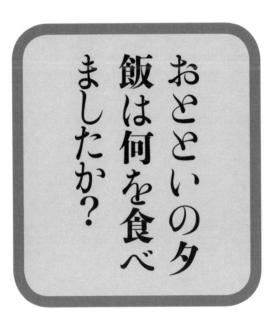

ど忘れ思い出しクイズ！

ビジュアル編

この人はだれ?

Q1

ヒント『走れメロス』『斜陽』『人間失格』などを著わし、入水《じゅすい》自殺した小説家といえば…

Q2

ヒント「花」「箱根八里」「荒城の月」などを作曲した、日本を代表する音楽家といえば…

Q3

ヒント黄熱病と梅毒の研究で知られる、世界的に著名な細菌学者といえば…

Q4

ヒントバロック音楽を集大成し、日本では「音楽の父」と称される音楽家といえば…

Q5

ヒントイエズス会の創設メンバーで、日本に最初にキリスト教を伝えた宣教師といえば…

Q6

ヒント「芸術は爆発だ!」が流行語となり、「太陽の塔」を代表作とする芸術家といえば…

Q7

ヒント「ひまわりといえば○○○」といわれる、西洋美術を代表する画家といえば…

Q8

ヒント イラン革命を指導し、イラン・イスラム共和国を成立させた指導者といえば…

Q9

ヒント 歌集『みだれ髪』や「君死にたまふことなかれ」で知られる女流歌人といえば…

Q10

ヒント「古典派音楽の父」と呼ばれ、数多くの交響曲を作曲した音楽家といえば…

Q11

ヒント ブラックホールの研究で世界的に有名な、「車椅子の物理学者」といえば…

Q12

ヒント『羅生門』『鼻』などを代表作とし、35歳で早逝した作家といえば…

答えは162ページ

この人はだれ?

Q13

ヒント 新元素ラジウムを発見した、世界初の女性ノーベル賞受賞者といえば…

Q14

ヒント 『一握《いちあく》の砂』『悲しき玩具』で三行書きによる生活感情を詠んだ歌人といえば…

Q15

ヒント 『西洋事情』『学問のすすめ』を著わし、慶應義塾大学を創設した教育者といえば…

Q16

ヒント 「くるみ割り人形」「白鳥の湖」などのバレエ音楽を残した音楽家といえば…

Q17

ヒント 43歳の若さで第35代アメリカ大統領に就任した政治家といえば…

Q18

ヒント 『たけくらべ』『にごりえ』が絶賛されるも、25歳で夭折した小説家といえば…

Q19

ヒント 幕末に黒船を率いて日本を訪れ、開国を迫ったアメリカ海軍の軍人といえば…

Q20

ヒント インド独立運動を指導し、インド連邦の初代首相となった政治家といえば…

Q21

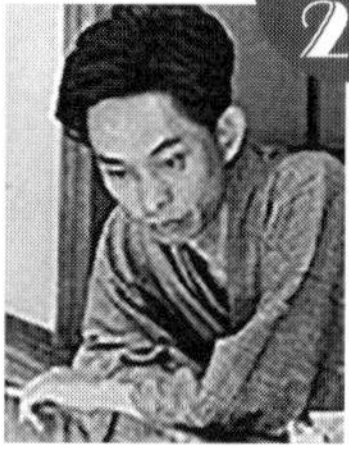

ヒント 『伊豆の踊子』『雪国』などの代表作がある、ノーベル文学賞受賞作家といえば…

Q22

ヒント 日本では「音楽の母」と称され、メロディアスな曲を残した作曲家といえば…

Q23

ヒント 日本の近代化を推進し、初代内閣総理大臣となった政治家といえば…

Q24

ヒント 元俳優で、第40代アメリカ大統領となり冷戦を終結に導いた政治家といえば…

答えは162ページ

この人はだれ？

Q25

ヒント 科学の常識をくつがえす「相対性理論」を生み出した20世紀の天才といえば…

Q26

ヒント 「運命」「第九」などの名曲を残し、日本では「楽聖」と呼ばれる音楽家といえば…

Q27

ヒント 第16代アメリカ大統領として奴隷解放宣言を布告した政治家といえば…

Q28

ヒント 「中間子理論」により日本人初のノーベル物理学賞を受賞した科学者といえば…

Q29

ヒント 非暴力抵抗の思想を貫き、「インド独立の父」と敬愛される宗教家といえば…

Q30

ヒント 「光と影の画家」「光と影の魔術師」と呼ばれた17世紀オランダの巨匠といえば…

Q31

ヒント「歌曲の王」と呼ばれ、後世の作曲家に多大な影響をおよぼした音楽家といえば…

Q32

ヒント 独特の美意識の作品が多くの読者を獲得するも割腹自殺をとげた作家といえば…

Q33

ヒント 江戸幕府を開き巧みな統治能力で江戸260年の基礎をつくった武将といえば…

Q34

ヒント「モナ・リザ」をはじめ、建築、解剖学、物理学などに顕著な業績を残した芸術家といえば…

Q35

ヒント『種の起源』を著わし、生物進化の理論を確立したイギリスの生物学者といえば…

Q36

ヒント 漱石を友とし、俳句・短歌の近代化を進め、野球をこよなく愛した俳人といえば…

答えは162ページ

この人はだれ？

Q37

ヒント『吾輩は猫である』『草枕』『こころ』などの傑作を著わした明治の文豪といえば…

Q38

ヒント詩集『山羊《やぎ》の歌』『在りし日の歌』で文学史に大きな足跡を残した詩人といえば…

Q39

ヒント戦後、軍備より経済政策を重視し、高度経済成長の礎《いしずえ》を築いた政治家といえば…

Q40

ヒント数多くの名画を描き、いまも絶大な人気を誇る20世紀最大の画家といえば…

Q41

ヒントロマン派の申し子といわれ、バッハ、ベートーベンと並ぶ三大Bの一人といえば…

Q42

ヒント3歳でチェンバロを弾き、5歳で作曲をした不世出《ふせいしゅつ》の音楽家といえば…

Q43

ヒント 西洋医学を教えるかたわら日本の情報を収集し、国外追放された医師といえば…

Q44

ヒント 『ハムレット』『リア王』『ベニスの商人』など、現代でも称賛される劇作家といえば…

Q45

ヒント 『銀河鉄道の夜』『風の又三郎』などの作品を残した国民的作家といえば…

Q46

ヒント 聖母子を描いた作品が有名で、ルネサンスの三大巨匠の一人といえば…

Q47

出典）首相官邸HP

ヒント 日中国交正常化を実現し、「日本列島改造論」で一世を風《ふう》靡《び》した首相といえば…

Q48

ヒント 社会主義市場経済により中国経済の驚異的な成長を実現させた政治家といえば…

答えは162ページ

この国旗はどこの国?

Q1

Q2

Q3

Q4

Q5

Q6

Q7

Q8

*答えは通称で表記しているものもあります。

ビジュアル編

Q 9

Q 10

Q 11

Q 12

Q 13

Q 14

Q 15

Q 16

答えは163ページ

この地図記号は何?

Q1

Q2

Q3

Q4

Q5

Q6

Q7

Q8

Q9

Q10

Q11

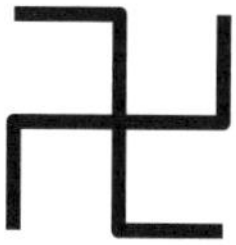

Q12

Q13

Q14

Q15

Q16

答えは163ページ

答え

●人物

Q1▼太宰《だざい》 治《おさむ》
Q2▼滝廉太郎
Q3▼野口英世
Q4▼バッハ
Q5▼ザビエル
Q6▼岡本太郎
Q7▼ゴッホ
Q8▼ホメイニ
Q9▼与謝野晶子
Q10▼ハイドン
Q11▼ホーキング
Q12▼芥川龍之介
Q13▼キュリー夫人
Q14▼石川啄木
Q15▼福澤諭吉
Q16▼チャイコフスキー
Q17▼ケネディ
Q18▼樋口一葉
Q19▼ペリー
Q20▼ネルー
Q21▼川端康成
Q22▼ヘンデル
Q23▼伊藤博文
Q24▼レーガン
Q25▼アインシュタイン
Q26▼ベートーベン
Q27▼リンカーン
Q28▼湯川秀樹
Q29▼ガンジー
Q30▼レンブラント
Q31▼シューベルト
Q32▼三島由紀夫
Q33▼徳川家康
Q34▼ダ・ヴィンチ
Q35▼ダーウィン
Q36▼正岡子規
Q37▼夏目漱石
Q38▼中原中也
Q39▼吉田茂
Q40▼ピカソ
Q41▼ブラームス
Q42▼モーツァルト
Q43▼シーボルト
Q44▼シェイクスピア
Q45▼宮沢賢治
Q46▼ラファエロ
Q47▼田中角栄
Q48▼鄧小平《とうしょうへい》

●国旗

Q1▼スペイン
Q2▼トルコ
Q3▼ブラジル
Q4▼南アフリカ
Q5▼イギリス
Q6▼スイス
Q7▼エチオピア
Q8▼ネパール
Q9▼イスラエル
Q10▼アメリカ
Q11▼フィリピン
Q12▼オーストラリア
Q13▼インド
Q14▼ジャマイカ
Q15▼カナダ
Q16▼中国

●地図記号

Q1▼市役所
Q2▼工場
Q3▼消防署
Q4▼温泉
Q5▼小中学校
Q6▼病院
Q7▼灯台
Q8▼漁港
Q9▼城跡
Q10▼保健所
Q11▼寺院
Q12▼神社
Q13▼郵便局
Q14▼銀行
Q15▼官公署
Q16▼警察署

Anata e no mijika na mondai.

あなたのお母さんの誕生日はいつですか?

Kotae wa anata no atama no naka ni arimasu.

ど忘れ思い出しクイズ！
一般常識・雑学のあれこれ

一般常識〈県庁所在地はどこ?〉

Q1
岩手県の県庁所在地は?

Q2
宮城県の県庁所在地は?

Q3
茨城県の県庁所在地は?

Q4
群馬県の県庁所在地は?

Q5
栃木県の県庁所在地は?

Q6
埼玉県の県庁所在地は？

Q7
三重県の県庁所在地は？

Q8
滋賀県の県庁所在地は？

Q9
香川県の県庁所在地は？

Q10
愛媛県の県庁所在地は？

答えは216ページ

一般常識〈首都はどこ?〉

Q11
アテネを首都とする国は?

Q12
ハバナを首都とする国は?

Q13
オタワを首都とする国は?

Q14
ドーハを首都とする国は?

Q15
マドリードを首都とする国は?

*答えは通称で表記しているものもあります。

Q16
アンカラを首都とする国は？

Q17
プラハを首都とする国は？

Q18
リスボンを首都とする国は？

Q19
ウランバートルを首都とする国は？

Q20
ブダペストを首都とする国は？

答えは216ページ

一般常識〈通貨の単位は何?〉

Q21
イギリスの通貨の単位は?

Q22
インドの通貨の単位は?

Q23
中国の通貨の単位は?

Q24
韓国の通貨の単位は?

Q25
ロシアの通貨の単位は?

*補助通貨は除外します。

Q26
スイスの通貨の単位は？

Q27
ドイツの通貨の単位は？

Q28
フィリピンの通貨の単位は？

Q29
イタリアの通貨の単位は？

Q30
トルコの通貨の単位は？

答えは216ページ

一般常識〈正式名称は?〉

Q31

国連の正式名称は?

Q32

教科書の正式名称は?

Q33

経済の語源は?

Q34

演歌の語源は?

Q35

遠隔操作機器を意味するリモコンの正式名称は?

Q 36

軍手の正式名称は？

Q 37

食パンの正式名称といわれているのは？

Q 38

英検の正式名称は？

Q 39

経団連の正式名称は？

Q 40

公取委の正式名称は？

答えは216ページ

一般常識〈略語あれこれ〉

Q41
ＷＨＯは日本語でいうと何？

Q42
ＧＤＰは日本語でいうと何？

Q43
ＳＮＳは何の略語？

＊おもにＷｅｂ上で使われる略語です。

Q44
ＥＵは日本語でいうと何？

Q45
ＦＢＩは日本語でいうと何？

Q46
UNESCOは日本語でいうと何？

Q47
ATMは日本語でいうと何？

Q48
DMは何の略語？
＊おもに広告・宣伝で使われる略語です。

Q49
JALは日本語でいうと何？

Q50
MVPは日本語でいうと何？
＊おもにスポーツで使われる略語です。

答えは216～217ページ

一般常識〈略語あれこれ〉

Q51
NHKは日本語でいうと何?

Q52
UVは日本語でいうと何?

*おもに美容関連で使われる略語です。

Q53
UFOは日本語でいうと何?

Q54
GPSは日本語でいうと何?

Q55
CEOは日本語でいうと何?

Q56
CGは何の略語？
＊おもにコンピュータ関連で使われる略語です。

Q57
DHAは日本語でいうと何？

Q58
DNAは日本語でいうと何？

Q59
OPECは日本語でいうと何？

Q60
VIP《ブイアイピー》は日本語でいうと何？

答えは217ページ

Q61

40歳を『論語』では何という?

Q62

50歳を『論語』では何という?

Q63

60歳を『論語』では何という?

Q64

70歳を『論語』では何という?

Q65

数えの77歳の賀寿《がじゅ》(長寿のお祝い)は何という?

Q66

数えの88歳の賀寿は何という？

Q67

数えの90歳の賀寿は何という？

Q68

数えの99歳の賀寿は何という？

Q69

1月を表わす旧暦の異名は？

Q70

2月を表わす旧暦の異名は？

答えは217ページ

Q71
3月を表わす旧暦の異名は?

Q72
4月を表わす旧暦の異名は?

Q73
5月を表わす旧暦の異名は?

Q74
6月を表わす旧暦の異名は?

Q75
7月を表わす旧暦の異名は?

Q76
8月を表わす旧暦の異名は？

Q77
9月を表わす旧暦の異名は？

Q78
10月を表わす旧暦の異名は？

Q79
11月を表わす旧暦の異名は？

Q80
12月を表わす旧暦の異名は？

答えは217ページ

Q81
「飲む点滴」といわれるドリンクといえば？

Q82
お坊さんたちが「般若湯《はんにゃとう》」と呼んでいるといわれる飲み物といえば？

Q83
「黄色いダイヤ」といわれる食品といえば？

Q84
「海のミルク」といわれる海洋生物といえば？

Q85
「森のバター」といわれる作物といえば？

Q86

「卯の花」ともいわれる食品といえば？

Q87

「畑のキャビア」といわれる作物といえば？

Q88

「畑の肉」といわれる作物といえば？

Q89

「黒いダイヤ」ともいわれた、かつての高級食材といえば？

Q90

「海のパイナップル」と形容される海洋生物といえば？

答えは217ページ

Q91

現在、日本の国家および統治を規定している憲法を何という？

Q92

憲法改正の発議に必要な衆議院と参議院の賛成数は、各議院の総議員の〇分の〇以上？

Q93

憲法の三大原理といえば、基本的人権の尊重、平和主義と、あと一つは？

Q94

国民の三大義務といえば、勤労、納税と、あと一つは？

Q95

衆議院の任期は最大4年だが、参議院の任期は何年？

Q96

通常国会が開かれるのは年に何回？

Q97

衆議院議員に立候補できる年齢は満何歳以上？

Q98

参議院議員に立候補できる年齢は満何歳以上？

Q99

都道府県知事に立候補できる年齢は満何歳以上？

Q100

市区町村長に立候補できる年齢は満何歳以上？

答えは217～218ページ

Q 101
国の権力を立法、行政、司法に分けて相互に抑制し合う仕組みを何という?

Q 102
不祥事を起こした裁判官を裁くために国会が行なう裁判を何という?

Q 103
国民が最高裁判所の裁判官を審査することを何という?

Q 104
内閣を信任しない場合に衆議院にのみ認められている議決を何という?

Q 105
国がもつ権限や財源を地方に移管し、地方のことは地方で進めるようにすることを何という?

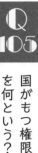

Q106

有権者が都道府県知事や市区町村長、地方議員の解職を求めることができる制度を何という？

Q107

市民からの苦情をもとに行政機関を監視したり、調査・救済の勧告を行なったりすることを何という？

Q108

戦後、GHQ（連合国軍総司令部）が行なった経済三大改革は、農地改革、労働改革と、あと一つは？

Q109

物価が継続的に上昇し、貨幣価値が下がる状態を、カタカナ4文字で何という？

Q110

物価が継続的に下降し、貨幣価値が上がる状態を、カタカナ3文字で何という？

答えは218ページ

Q 111

外国為替で、たとえば1ドル＝120円が95円に変動することを円○ドル○という。

Q 112

日本の輸出会社は、為替が円○ドル○に向かうと利益が大きくなる。

Q 113

金融機関が破綻《はたん》しても元本1000万円までと利息の払い戻しを保証する仕組みを何という？

Q 114

会社の内部情報を知る人が、会社が情報を公表する前に株の売買をすることを何という？

Q 115

通貨の単位を切り下げることを、カタカナ3文字で何という？

Q116

トヨタ自動車のようなムダな在庫をもたない生産システムを、○○○○方式という。

Q117

会社が社内業務の一部を外部に委託することを何という？

Q118

二つ以上の会社が一つになったり、他の会社を買ったりすることを何という？

Q119

消費支出に占める子供の養育費の割合を○○○○○係数という。

Q120

訪問販売、電話勧誘販売などによる契約の場合、一定の期間内であれば契約を解除できることを何という？

答えは218ページ

Q1 短刀直入

Q4 年高序列

Q7 薄利他売

Q10 公明成大

Q2 意思薄弱

Q5 新進気栄

Q8 美字麗句

Q11 縦横無仁

Q3 自業自徳

Q6 自我自賛

Q9 絶対絶命

Q12 出所進退

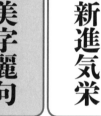

Q13 危機一発

Q14 一陽来福

Q15 朝礼暮改

Q16 五里夢中

Q17 万場一致

Q18 厚顔無知

Q19 完全無決

Q20 臨期応変

Q21 温古知新

Q22 異句同音

Q23 不和雷同

Q24 羊頭苦肉

答えは218ページ

Q25 偶然

Q28 干渉

Q31 慎重

Q34 一般

Q26 勤勉

Q29 創造

Q32 真実

Q35 自然

Q27 形式

Q30 単純

Q33 偉人

Q36 永遠

漢字あれこれ〈対義語は何？〉

＊答えが複数あるものがあります。

漢字あれこれ〈この漢字、読めますか？〉

Q37 鰺

Q38 鱈

Q39 鰊

Q40 鯖

Q41 鮎

Q42 鯛

Q43 鮪

Q44 鱚

Q45 鱸

Q46 鰯

Q47 鰤

Q48 鰈

答えは219ページ

Q49 山女

Q50 烏賊

Q51 雲丹

Q52 岩魚

Q53 海老

Q54 海月

Q55 柳葉魚

Q56 秋刀魚

Q57 間八

Q58 河豚

Q59 海松貝

Q60 公魚

Q61 紫陽花

Q62 金木犀

Q63 浜木綿

Q64 公孫樹

Q65 秋桜

Q66 竜胆

Q67 女郎花

Q68 満天星

Q69 山茶花

Q70 杜若

Q71 撫子

Q72 欅

答えは219ページ

Q73
南瓜

Q74
大蒜

Q75
慈姑

Q76
独活

Q77
茗荷

Q78
木耳

Q79
胡瓜

Q80
小豆

Q81
玉蜀黍

Q82
青梗菜

Q83
莢豌豆

Q84
牛蒡

Q85
心太

Q86
御節

Q87
叉焼

Q88
焼売

Q89
外郎

Q90
善哉

Q91
雲呑

Q92
炒飯

Q93
黄粉

Q94
蒲鉾

Q95
水団

Q96
搾菜

答えは219～220ページ

雑学〈どう数える?・〉

＊数え方は複数あるため、より一般的と考えられるものを答えとしています。

Q1
椅子を数えるときの単位は?

Q2
ハサミを数えるときの単位は?

Q3
イカを数えるときの単位は?

Q4
ウサギを数えるときの単位は?

Q5
折り詰めを数えるときの単位は?

Q6
墓を数えるときの単位は？

Q7
クジラを数えるときの単位は？

Q8
大砲を数えるときの単位は？

Q9
タラコを数えるときの単位は？

Q10
たんすを数えるときの単位は？

答えは220ページ

Q11

長嶋茂雄が引退セレモニーで言ったのが、「わが巨人軍は○○に不滅です」。

Q12

1961年、世界初の有人宇宙飛行に成功し、「地球は青かった」と言ったのは?

Q13

医聖ヒポクラテスの名言は、「芸術は長く、○○は短し」。

Q14

「兵隊の位でいうと、どのくらい?」と言った放浪の画家は?

Q15

その著『ツァラトゥストラはこう言った』で「神は死んだ」と言ったのは?

Q16

「我思う、故に我あり」と言ったフランスの哲学者は？

Q17

簡単明瞭に事実を伝えた、「来た、見た、勝った」はだれの言葉？

Q18

「人間は考える葦《あし》である」で有名なフランスの哲学者は？

Q19

フランスの文豪ユゴーが残した名言は、「女は弱し、されど〇は強し」。

Q20

「児孫のために美田を買わず」と言った薩摩の志士といえば？

答えは220ページ

Q21
タモリの「私も、あなたの数多くの作品の一つです」は、だれに向けた弔辞？

Q22
「初心忘るべからず」の名言を残した室町時代の能役者といえば？

Q23
「天災は忘れたころにやってくる」と言ったとされる、夏目漱石の盟友といえば？

Q24
釈迦《しゃか》が生まれたときに言ったとされるのが、「天上天下《てんじょうてんが》○○○○」。

Q25
マリー・アントワネットが言ったと伝えられる言葉が、「パンがなければ、○○○を食べればいいじゃない」。

Q26

「日本《ニッポン》を今一度せんたくいたし申候《もうしそうろう》」と言った海援隊の創設者といえば？

Q27

「迷わず行けよ。行けばわかるさ」でも知られるアントニオ猪木の名言は、「○○があればなんでもできる！」。

Q28

ドイツの詩人ゲーテが死ぬ間際に残した有名な言葉は？

Q29

最期の言葉が「コレデオシマイ」だったといわれる、江戸末期から明治初期にかけて活躍した武士はだれ？

Q30

アメリカ陸軍元帥ダグラス・マッカーサーがアメリカ議会で行なった退任演説で言ったのが、「○○は死なず、ただ消え去るのみ」。

答えは220〜221ページ

雑学〈これはどこにある?〉

Q31
ピサの斜塔がある国は?

Q32
エッフェル塔がある国は?

Q33
スフィンクスがある国は?

Q34
自由の女神がある国は?

Q35
タージマハールがある国は?

*国名の答えは通称にしているものもあります。

Q36
万里の長城がある国は？

Q37
ビッグベン（正式名称はエリザベスタワー）がある国は？

Q38
天空都市マチュピチュがある国は？

Q39
日光東照宮は何県にある？

Q40
厳島《いつくしま》神社は何県にある？

答えは221ページ

Q41
絵を描くときにキャンバスをのせる道具を何という？

Q42
茶碗などの陶器の底の部分を何という？

Q43
金魚すくいのときに使う、薄い紙を張った道具を何という？

Q44
ゴルフボールの表面にたくさんある小さなくぼみを何という？

Q45
トイレなどの詰まりをなおすゴム製の道具を何という？

Q46

弁当箱や寿司桶などに入っている緑の仕切りを何という？

Q47

バナナの表面の黒いシミを何という？

Q48

仏前で棒で打ち鳴らす、鉢状あるいは壺状の仏具を何という？

Q49

視力検査の「C」の名称を何という？

Q50

仏像の頭の丸まった髪の毛を何という？

答えは221ページ

Q51

歌舞伎の舞台で使用される3色染めの幕を何という?

Q52

電車で車両の上についている菱形や折れ線型の器具を何という?

Q53

卵の黄身のわきにある白いヒモ状のものを何という?

Q54

鯉のぼりのいちばん上の五色の筒状のものを何という?

Q55

墓石のそばに立てられた、供養のために用いる細長い板を何という?

Q56
茶室の小さな出入り口を何という？

Q57
切手のまわりについているギザギザの切り取り線を何という？

Q58
神社・仏閣で参詣者が手や顔を洗い、口をすすぐための水盤があるところを何という？

Q59
お盆に先祖をお迎えするために用意する、野菜でつくった動物を何という？

Q60
ガスコンロなどで、やかんやフライパンなどを置くための金属製の台を何という？

答えは221ページ

Q61
1882年に講道館柔道を創始し、「日本体育の父」とも呼ばれた人はだれ？

Q62
日本三大がっかり名所ともいわれているのは、札幌市時計台、長崎のオランダ坂と、あと一つは？

Q63
世界三大がっかり名所といえば、ブリュッセルの小便小僧、コペンハーゲンの人魚姫像と、あと一つは？

Q64
日本三名園といえば、兼六園、後楽園と、あと一つは？

Q65
京都の金閣寺の正式名称は？

Q 66

自動体外式除細動器をアルファベット3文字で何という？

Q 67

日本の紙幣の正式名称は？

Q 68

海上自衛隊の船の乗組員が曜日感覚を保つため、金曜日に食べるのは何？

Q 69

日本の国鳥は？

Q 70

新型コロナウイルスのような感染症が爆発的に流行することを何という？

答えは221ページ

Q71

バルト三国といえば、ラトビア、リトアニアと、あと一つは？

Q72

これまでの日本の歴史上、期間のいちばん長かった年号は？

Q73

三大栄養素とは、炭水化物、タンパク質と、あと一つは？

Q74

世界三大珍味といえば、フォアグラ、キャビアと、あと一つは？

Q75

紀元前はB.C.と書くが、紀元後はアルファベット2文字でどう書く？

Q76
砂漠で水が得られる場所を何という？

Q77
洋服生地のヘリンボーン織りは日本語でいうと何？

Q78
Tシャツの名前の由来は？

Q79
ワイシャツの「ワイ」の語源は何？

Q80
プレタポルテを日本語でいうと？

答えは221〜222ページ

Q81
ボディコンって何の略?

Q82
ワンレンって何の略?

Q83
相撲の三役とは、大関、小結と、あと一つは?

Q84
相撲の土俵上で、東西南北の中央に埋めてある俵を何という?

Q85
柔道の最高段位10段の帯は何色?

Q86
フルマラソンで走る距離は何km？

Q87
サッカーで一発退場となるカードの名前は？

Q88
箱根駅伝は毎年、いつ行なわれる？

Q89
野球で、試合の勝敗が一方的に決まり途中で試合を打ち切ることを何という？

Q90
医師や薬剤師が患者に対し、病気や容態、処方する薬について十分な説明をし、患者の同意を得ることを、○○○○○○○・コンセントという。

答えは222ページ

答え

一般常識

Q1▼盛岡市
Q2▼仙台市
Q3▼水戸市
Q4▼前橋市
Q5▼宇都宮市
Q6▼さいたま市
Q7▼津市
Q8▼大津市
Q9▼高松市
Q10▼松山市
Q11▼ギリシャ
Q12▼キューバ
Q13▼カナダ
Q14▼カタール
Q15▼スペイン
Q16▼トルコ
Q17▼チェコ
Q18▼ポルトガル
Q19▼モンゴル
Q20▼ハンガリー
Q21▼ポンド
Q22▼ルピー
Q23▼人民元
Q24▼ウォン
Q25▼ルーブル
Q26▼スイスフラン
Q27▼ユーロ
Q28▼フィリピンペソ
Q29▼ユーロ
Q30▼トルコリラ
Q31▼国際連合
Q32▼教科用図書
Q33▼経世済民（経国済民）
Q34▼演説歌
Q35▼リモートコントローラー（リモートコントロール、リモートコマンダー）
Q36▼軍用手袋
Q37▼主食用パン
Q38▼実用英語技能検定
Q39▼日本経済団体連合会
Q40▼公正取引委員会
Q41▼世界保健機関
Q42▼国内総生産
Q43▼ソーシャル・ネットワーキング・サービス
Q44▼ヨーロッパ（欧州）連合
Q45▼連邦捜査局
Q46▼国際連合教育科学文化

機関
Q47 ▼ 現金自動預け払い機
Q48 ▼ ダイレクトメール
Q49 ▼ 日本航空
Q50 ▼ 最優秀選手
Q51 ▼ 日本放送協会
Q52 ▼ 紫外線
Q53 ▼ 未確認飛行物体
Q54 ▼ 衛星利用測位システム・全地球測位システム
Q55 ▼ 最高経営責任者
Q56 ▼ コンピュータグラフィックス
Q57 ▼ ドコサヘキサエン酸
Q58 ▼ デオキシリボ核酸
Q59 ▼ 石油輸出国機構
Q60 ▼ 非常に重要な人物
Q61 ▼ 不惑《ふわく》

Q62 ▼ 知命
Q63 ▼ 耳順《じじゅん》
Q64 ▼ 従心《じゅうしん》
Q65 ▼ 喜寿
Q66 ▼ 米寿
Q67 ▼ 卒寿
Q68 ▼ 白寿
Q69 ▼ 睦月《むつき》
Q70 ▼ 如月《きさらぎ》
Q71 ▼ 弥生《やよい》
Q72 ▼ 卯月《うづき》
Q73 ▼ 皐月《さつき》
Q74 ▼ 水無月《みなづき》
Q75 ▼ 文月《ふづき》（注＝ふみづきとも）
Q76 ▼ 葉月《はづき》
Q77 ▼ 長月《ながつき》
Q78 ▼ 神無月《かんなづき》

Q79 ▼ 霜月《しもつき》
Q80 ▼ 師走《しわす》
Q81 ▼ 甘酒
Q82 ▼ 日本酒
Q83 ▼ 数の子
Q84 ▼ 牡蠣
Q85 ▼ アボカド
Q86 ▼ おから
Q87 ▼ とんぶり
Q88 ▼ 大豆
Q89 ▼ トリュフ
Q90 ▼ ホヤ
Q91 ▼ 日本国憲法
Q92 ▼ 3分の2
Q93 ▼ 国民主権
Q94 ▼ 教育
Q95 ▼ 6年

答え

Q96▼1回
Q97▼25歳以上
Q98▼30歳以上
Q99▼30歳以上
Q100▼25歳以上
Q101▼三権分立
Q102▼弾劾裁判
Q103▼国民審査
Q104▼内閣不信任決議
Q105▼地方分権
Q106▼リコール
Q107▼オンブズマン制度
Q108▼財閥解体
Q109▼インフレ
Q110▼デフレ
Q111▼高 安
Q112▼安 高

Q113▼ペイオフ
Q114▼インサイダー取引
Q115▼デノミ
Q116▼カンバン
Q117▼アウトソーシング
Q118▼M&A（合併・買収）
Q119▼エンジェル
Q120▼クーリングオフ

●漢字

Q1▼短↓単
Q2▼思↓志
Q3▼徳↓得
Q4▼高↓功
Q5▼栄↓鋭
Q6▼我↓画
Q7▼他↓多

Q8▼字↓辞
Q9▼対↓体
Q10▼成↓正
Q11▼仁↓尽
Q12▼所↓処
Q13▼発↓髪
Q14▼福↓復
Q15▼礼↓令
Q16▼夢↓霧
Q17▼万↓満
Q18▼知↓恥
Q19▼決↓欠
Q20▼期↓機
Q21▼古↓故
Q22▼句↓口
Q23▼不↓付
Q24▼苦↓狗

Q25▼必然
Q26▼怠惰・怠慢
Q27▼内容・実質
Q28▼放任
Q29▼模倣
Q30▼複雑
Q31▼軽率
Q32▼虚偽
Q33▼凡人
Q34▼特殊・特別
Q35▼人工・人為
Q36▼瞬間・一瞬
Q37▼アジ
Q38▼タラ
Q39▼ニシン
Q40▼サバ
Q41▼アユ

Q42▼タイ
Q43▼マグロ
Q44▼キス
Q45▼スズキ
Q46▼イワシ
Q47▼ブリ
Q48▼カレイ
Q49▼ヤマメ
Q50▼イカ
Q51▼ウニ
Q52▼イワナ
Q53▼エビ
Q54▼クラゲ
Q55▼シシャモ
Q56▼サンマ
Q57▼カンパチ
Q58▼フグ

Q59▼ミルガイ（ミルクイ）
Q60▼ワカサギ
Q61▼アジサイ
Q62▼キンモクセイ
Q63▼ハマユウ
Q64▼イチョウ
Q65▼コスモス
Q66▼リンドウ
Q67▼オミナエシ
Q68▼ドウダンツツジ
Q69▼サザンカ
Q70▼カキツバタ
Q71▼ナデシコ
Q72▼ケヤキ
Q73▼カボチャ
Q74▼ニンニク
Q75▼クワイ

答え

Q76▼ウド
Q77▼ミョウガ
Q78▼キクラゲ
Q79▼キュウリ
Q80▼アズキ
Q81▼トウモロコシ
Q82▼チンゲンサイ
Q83▼サヤエンドウ
Q84▼ゴボウ
Q85▼ところてん
Q86▼おせち
Q87▼チャーシュー
Q88▼シュウマイ
Q89▼ういろう
Q90▼ぜんざい
Q91▼ワンタン
Q92▼チャーハン
Q93▼きなこ
Q94▼かまぼこ
Q95▼すいとん
Q96▼ザーサイ

●雑学

Q1▼脚
Q2▼挺・丁
Q3▼杯
Q4▼羽
Q5▼折
Q6▼基
Q7▼頭
Q8▼門
Q9▼腹
Q10▼棹
Q11▼永久
Q12▼ガガーリン
Q13▼人生
Q14▼山下清
Q15▼ニーチェ
Q16▼デカルト
Q17▼カエサル（シーザー）
Q18▼パスカル
Q19▼母
Q20▼西郷隆盛
Q21▼赤塚不二夫
Q22▼世阿弥
Q23▼寺田寅彦
Q24▼唯我独尊
Q25▼お菓子
Q26▼坂本龍馬
Q27▼元気
Q28▼もっと光を

Q29▼勝海舟
Q30▼老兵
Q31▼イタリア
Q32▼フランス
Q33▼エジプト
Q34▼アメリカ
Q35▼インド
Q36▼中国
Q37▼イギリス
Q38▼ペルー
Q39▼栃木県
Q40▼広島県
Q41▼イーゼル
Q42▼糸底（糸尻）
Q43▼ポイ
Q44▼ディンプル
Q45▼ラバーカップ（スッポン）

Q46▼バラン
Q47▼シュガースポット
Q48▼錀《りん》（鈴）
Q49▼ランドルト環
Q50▼螺髪《らほつ》
Q51▼定式幕《じょうしきまく》
Q52▼パンタグラフ
Q53▼カラザ
Q54▼吹き流し
Q55▼卒塔婆《そとば》
Q56▼にじり口
Q57▼目打
Q58▼手水舎《ちょうずや》
Q59▼精霊馬《しょうりょううま》
Q60▼五徳
Q61▼嘉納治五郎
Q62▼はりまや橋（高知市）

Q63▼マーライオン（シンガポール）
Q64▼偕楽園
Q65▼鹿苑寺《ろくおんじ》
Q66▼AED
Q67▼日本銀行券
Q68▼カレーライス
Q69▼キジ
Q70▼パンデミック
Q71▼エストニア
Q72▼昭和
Q73▼脂質
Q74▼トリュフ
Q75▼A.D.
Q76▼オアシス
Q77▼杉綾織り
Q78▼袖を広げるとT字型に

答え

なる

Q79▼ホワイト

Q80▼高級既製服

Q81▼ボディコンシャス

Q82▼ワンレングス（髪型）

Q83▼関脇

Q84▼徳俵

Q85▼紅（赤）

Q86▼42・195km

Q87▼レッドカード

Q88▼1月2日、3日

Q89▼コールドゲーム

Q90▼インフォームド

Anata e no mijika na mondai.

さて、この本のタイトルは何でしょう？

Hyoushi wo mizu ni kotaete kudasai.

〈編者紹介〉
頭を若々しく保つ大人のクイズ研究会
（あたまをわかわかしくたもつおとなのくいずけんきゅうかい）
日常生活のさまざまな場面でど忘れが増えてきたと感じている大人が集まって結成した会。いつまでも若々しい頭を保ち、いきいきと生きるために、頭を使うクイズ、トレーニング問題について研究している。

日本音楽著作権協会（出）許諾第2009277-001号

装幀　岡西幸平（カンカク）
編集協力・本文デザイン　月岡廣吉郎

脳がスッキリ！ 動き出す！
ど忘れ思い出しクイズ1000

2020年12月22日　第1版第1刷発行

編　者　頭を若々しく保つ大人のクイズ研究会
発行者　櫛原吉男
発行所　株式会社PHP研究所
京都本部　〒601-8411　京都市南区西九条北ノ内町11
〔内容のお問い合わせは〕教育出版部 ☎075-681-8732
〔購入のお問い合わせは〕普及グループ ☎075-681-8554
印刷所　大日本印刷株式会社

ISBN978-4-569-84884-6